Neubauer

Regelung des internationalen Privatrechtes durch Verträge zwischen den einzelnen Staaten

Neubauer

Regelung des internationalen Privatrechtes durch Verträge zwischen den einzelnen Staaten

ISBN/EAN: 9783743697157

Hergestellt in Europa, USA, Kanada, Australien, Japan

Cover: Foto ©ninafisch / pixelio.de

Weitere Bücher finden Sie auf **www.hansebooks.com**

VII.

Regelung des internationalen Privatrechtes durch Verträge zwischen den einzelnen Staaten.

Mittheilungen aus einem im Jahre 1885 der italienischen Deputirtenkammer vorgelegten Aktenstücke.

Von

Herrn Kammergerichtsrath Neubauer in Berlin.

––––

Schon seit 1867 hat sich die italienische Regierung bemüht, mit einigen Staaten gemeinsame Normen über die rechtliche Stellung der Ausländer, die Ausdehnung und die Gewährleistung ihrer Rechte und eine möglichst erleichterte Theilnahme derselben an den Wohlthaten der Gesetzgebungen herbeizuführen. Der Minister Mancini nahm 1881 die Verhandlungen von neuem auf, indem er folgendes Memorandum beifügte:

Die Rechtsgelehrten und Staatsmänner haben die offenbar unbefriedigenden internationalen Beziehungen in Ansehung der rechtlichen Stellung der Ausländer, in Ansehung der Ausdehnung und Gewährleistung der Rechte der Ausländer und der Theilnahme der Ausländer an den Wohlthaten der einzelnen Gesetzgebungen mit Bedauern anerkennen müssen.

Ein solcher Zustand der Dinge ist leider unvermeidlich, solange es fehlt an einem Systeme von Grundregeln, welche ge-
meinsam und mit Zustimmung der Mächte angenommen sind.
Nur auf diesem Wege ließen sich die Unsicherheiten und die
daraus sich ergebenden Schwankungen in der Rechtswissenschaft
jedes Landes unter dem Einflusse der verschiedenen Gesetzgebungen
beseitigen.

Um die Inkonvenienzen, von welchen die Rede ist, ihrem
Werthe nach zu würdigen, muß an einige Beispiele erinnert
werden.

In mehreren Staaten Europas bestimmt sich die Geschäftsfähigkeit einer Person — mit anderen Worten das Personalstatut — nach der lex domicilii, d. h. nach dem Gesetze des
Ortes, an welchem die Person den Wohnsitz nimmt, oder an
welchen sie den Wohnsitz verlegt, oder nach der Hauptnieder-
lassung ohne jede Rücksicht auf die Nationalität.

Dem code Napoléon gebührt das Verdienst, zuerst das
Personalstatut der Franzosen von deren Nationalgesetz abhängig
gemacht zu haben, indem er die Franzosen, wohin sie sich auch
in's Ausland begeben, unter seinen Schutz stellt. Diese ratio-
nelle Anwendung des Grundsatzes der Nationalität an Stelle
des rein zufälligen und empirischen Grundsatzes des Wohnsitzes,
welcher letztere nothwendig wandelbar ist, hat auch in anderen
neuen Gesetzgebungen und in dem neuen italienischen Gesetzbuche
Anerkennung gefunden.

Aber die Verschiedenheit der Regeln führt oft zu einem
unlösbaren Konflikte zwischen den Gesetzgebungen zweier Länder,
von welchen das eine den Civilstand und die Geschäftsfähigkeit
einer Person von den Rechtsnormen, welche in Kraft sind in
dem Staate, in dem die Person ihren Wohnsitz hat, abhängen
läßt, während das andere jene nach der Nationalität des Ur-
sprunges der Person regelt.

Derselbe Streit besteht in Ansehung der Rechtsstellung
eines Franzosen oder Italieners, welcher in England oder Süd-
Amerika geboren wird; denn dieser gilt vor der Gesetzgebung
seines Landes als Inländer und folgt der Rechtsstellung des

Vaters, während im Gegensatze hierzu die englische, brasilia=
nische u. s. w. Gesetzgebung dieselbe Person als Engländer oder
Brasilianer in Folge der einfachen Thatsache der Geburt auf
dem Territorium dieser Länder ansieht.

Eine Französin oder Italienerin, welche sich mit einem
Engländer verheirathete, hat den Personenstand ihres Ursprungs=
landes kraft der Gesetze ihres Landes verloren; dennoch konnte
sie nicht zu gleicher Zeit den Personenstand des Ehemannes erwerben, denn bis in die letzten Jahre bewilligte die englische
Gesetzgebung einer Ausländerin, welche einen Engländer heirathete,
nicht die englische Nationalität.

Der Verlust der französischen oder englischen Nationalität
aus einer der in den betreffenden Gesetzbüchern vorgesehenen
Ursachen oder selbst die Bewilligung einer Naturalisation als
Franzose an einen Italiener oder endlich die Bewilligung einer
Naturalisation als Italiener an einen Franzosen hat nach
dem Geiste der französischen Gesetzgebung und Rechtswissenschaft
lediglich individuelle Wirkungen, d. h. Wirkungen, welche sich
nicht auf die Ehefrau und die minderjährigen Kinder dieser
Person erstrecken; die letzteren erleiden dadurch nicht die ge-
ringste Veränderung in denjenigen Rechten, welche mit Recht
als höchst persönliche angesehen werden, während nach dem
italienischen Gesetzbuche die Veränderung des Civilstandes sich
zugleich auf die Ehefrau und die minderjährigen Kinder dieser
Person erstrecken und dieselben gleichfalls die neue Nationalität
des Ehemannes oder Vaters erwerben. Es ergibt sich ein nicht
lösbarer Konflikt, da jede der betreffenden Behörden derselben
Person eine verschiedene Nationalität zuerkennen muß.

Wendet man sich zu den Vorschriften über das Sachenrecht,
über die Rechtsgeschäfte und über die Erbfolge, so lassen sich
leicht die Beispiele ähnlicher Widersprüche vervielfältigen. Es mag
genügen, darauf hinzuweisen, daß in Ansehung der beweglichen
Sachen die von den Rechtsgelehrten vertheidigte Auffassung, nach
welcher mobilia persequuntur personam, in den verschiedenen
Ländern einen verschiedenen Sinn und eine verschiedene Anwendung findet. So wenden einige Länder das Gesetz des

Personalstatutes auf bewegliche Sachen an, d. h. den Grundsatz
von der Nationalität des Eigenthümers, während andere das
Gesetz des Ortes seines thatsächlichen Wohnsitzes oder nach einer
alten juristischen Fiktion das Gesetz des Ortes anwenden, an
welchem der Wohnsitz angenommen wird.

Was die Rechtsgeschäfte angeht, so ist zwar in Bezug auf
die äußere Form allgemein die Regel locus regit actum angenommen (mit gewissen Ausnahmen und mit dem lediglich
fakultativen Charakter der Regel), dagegen besteht eine erhebliche
Unsicherheit darüber, welches Gesetz anzuwenden sei in Ansehung
des Inhaltes oder der Substanz des Aktes.

In Ansehung der Erbfolge in unbewegliche Sachen bestehen zwei Systeme. Nach dem einen wird die Erbfolge eröffnet
(deferirt) nach dem Gesetze, welches in Kraft ist in dem Lande,
in welchem die unbeweglichen Sachen belegen sind, kraft einer
anderen juristischen Fiktion: tot haereditates quot territoria.
Nach dem anderen Systeme wird das Erbfolgerecht als Ausfluß
des Eigenthumsrechtes verbunden mit dem Familienrechte angesehen und folgerecht, ohne Unterscheidung, das universum jus
der Erbfolge in Ansehung der beweglichen und unbeweglichen
Sachen einem einzigen Gesetze, dem Nationalgesetze des Erblassers,
unterworfen, vorbehaltlich der Ausnahmen und Verbotsgesetze,
welche in den öffentlich-rechtlichen Gesetzen des Landes, in welchem die unbeweglichen Sachen belegen sind, bestehen können,
z. B. in dem Falle, daß diese Gesetze die Schaffung von Fidei=
kommissen verbieten, die todte Hand beschränken u. s. w.

Das neue italienische Gesetzbuch war in seinen einleitenden
Vorschriften bemüht, die mehr oder weniger willkürliche und
elastische Ueberlieferung der Rechtswissenschaft durch bestimmte
Regeln zu ersetzen, welche in eben so vielen Artikeln von mir
selbst in meiner Eigenschaft als Berichterstatter der mit dieser
Arbeit betrauten Unterkommission redigirt sind.

Aber da diese Regeln nur für die italienischen Behörden
bindende sind, so ließen sich die Inkonvenienzen und die Ge-
fahren eines so anomalen Standes der Dinge nur beseitigen
oder wenigstens vermindern durch einen Vertrag oder mehrere

Verträge zwischen den verschiedenen Ländern. Die Verträge müßten diesen Gegenstand besonders regeln und bestimmte Vorschriften durch mehr oder weniger gleichmäßige Vereinbarungen obligatorisch machen, Vorschriften, welche sich beziehen auf Personen, Sachen und Rechtsgeschäfte im Auslande, soweit die Gesetzgebungen mit einander im Konflikte sind.

Solche Regeln ließen sich aus den Büchern und Sammlungen der Rechtswissenschaft schöpfen. Einzelne davon, aber nur in sehr beschränkter Zahl, sind in besonderen Verträgen enthalten; sie beziehen sich auf Beseitigung des Abschosses, auf die Form der Rechtsgeschäfte und der Testamente, auf die Hypotheken und auf die Vollstreckung ausländischer Urtheile.

Die durch Verträge dieser Art dort, wo solche vorhanden sind, erreichten Vortheile lassen, obwohl diese Verträge nicht ein rationelles und vollständiges System enthalten, erkennen, wie vortheilhaft der Abschluß von Verträgen sein würde, welche eine allgemeine und systematische Regelung der rechtlichen Beziehungen enthalten und das Privatinteresse in der internationalen Gesellschaft regeln, vorausgesetzt, daß sie auf den Grundsätzen der Gerechtigkeit beruhen und bezwecken, allen Bürgern der vertragschließenden Staaten den möglichst ausgedehnten Genuß dieser Wohlthaten zu verschaffen und nicht nach mehr oder weniger relativen und zufälligen Erwägungen geschlossen werden.

Mancini.

Das Aktenstück, aus welchem diese Mittheilungen erfolgen, bringt alle hierüber mit einer großen Anzahl von Staaten gewechselten Korrespondenzen. Es kann nicht die Absicht sein, alle diese Schriftstücke mitzutheilen. Das Ergebniß im Allgemeinen faßt ein an die Mehrzahl der betheiligten Staaten erlassenes Anschreiben Mancini's vom 28. Juni 1885 zusammen. Es wird genügen, dieses anzureihen und im Anschlusse daran einige der Antworten ausführlicher oder vollständig mitzutheilen. Jenes Anschreiben lautet, mit Weglassung einzelner weniger erheblicher Sätze, im Wesentlichen dahin:

Mit einer Zirkulardepesche vom 16. September 1881 wandte ich mich nicht ohne Erwähnung älterer Vorgänge an die verschiedenen Regierungen zur Herbeiführung eines Ideenaustausches darüber, wie die geltenden Normen in vertragsmäßiger Weise festgestellt werden könnten, um Konflikte zu beseitigen und abzuschneiden, welche sich so häufig zwischen einzelnen Staaten in Folge davon ergeben, daß die Gesetze in Ansehung des internationalen Privatrechtes verschieden sind. Meine späteren Anschreiben klären möglichst auf, welches der Gesichtspunkt war, von dem mein Vorschlag ausging, nämlich dahin, daß nicht gemeint sei, es solle eine Reform oder Annäherung der betreffenden Gesetzgebungen der einzelnen Länder erstrebt werden, es solle vielmehr die volle Autonomie gewahrt bleiben, welche in dieser Beziehung jedem einzelnen Staate gebühre und gebühren müsse; es solle nur durch internationale Verträge eine Reihe obligatorischer und gleichmäßiger Regeln vorgesehen und dadurch für jeden einzelnen Fall vorgeschrieben werden, welches der in Konflikt stehenden Gesetze zur Anwendung zu bringen sei und in welchen Modalitäten und Formen. Mit dieser Aufklärung begegnete ich zugleich mittelbar dem Einwande derjenigen, welche aus der schon bestehenden Analogie und Aehnlichkeit zwischen einigen Gesetzgebungen einen Grund entnehmen wollten, um daraus zu schließen, das vorgeschlagene Abkommen sei unnütz und überflüssig. Immerhin wird es leichter sein, für solche Fälle Regeln festzustellen, welche den Konflikt lösen; der Eintritt eines Konfliktes ist nur völlig ausgeschlossen, wenn die verschiedenen Gesetzgebungen durchweg übereinstimmen, ein Ergebniß, auf welches nicht zu rechnen ist. Endlich habe ich mich bemüht, darzulegen, wie vortheilhaft und praktisch eine solche Vereinbarung auch dann sein würde, wenn eine solche zunächst zwischen wenigen Staaten zu Stande komme und sich auch nur auf einige Theile der betreffenden Gesetzgebungen beschränke.

Als im Herbst 1882 das Institut für internationales Recht in Turin seine Versammlung abhielt, ermuthigte seine Zustimmung mich in dem begonnenen Unternehmen. Die gelehrte Versammlung hat nach Kenntnißnahme von meiner Initiative und den erfolgten Bemühungen förmlich ihren Beifall ausgedrückt und Wünsche ausgesprochen, daß diese Bemühungen bei den anderen Regierungen wohlwollende Aufnahme finden möchten. Daraus entnahm ich Veranlassung, in einem Zirkular vom 19. September 1882 meine Instruktionen an die italienischen Gesandten und das Ersuchen an die Regierungen, bei welchen dieselben beglaubigt sind, zu erneuern.

Von vornherein habe ich mir nicht verhehlt, daß ein solcher Gegenstand nicht sofort und gewissermaßen auf der Stelle zum Abschluß gelangen kann. Im Gegentheil sehe ich ein, daß der Gegenstand nur durch langsame Arbeit reifen kann mit Hilfe jener siegenden Ueberzeugung, welche nach und nach sich ausbreitet und jeden Widerspruch sowie jede Schwierigkeit beseitigt. Indem ich mir klar zu machen suchte, wie unsere Arbeit an jedem Tage mehr Zustimmung und Beifall fand, setzte ich meine Korrespondenz fort, ohne zu sehr auf eine schleunige Entscheidung derjenigen Regierungen zu drängen, welche sich noch zaudernd und zweifelnd zeigten. Im Anfang des Jahres 1884 wandte sich die Gesellschaft für die Reform und Kodifikation des Völkerrechtes an uns, nachdem sie bei Gelegenheit der im September 1883 in Mailand abgehaltenen Sitzung beschlossen hatte, auf der von ihr selbst vereinbarten Grundlage ein Uebereinkommen vorzuschlagen über die Vollstreckbarkeit ausländischer Urtheile in Civil- und Handelssachen, mit der Bitte, eine Konferenz zu versammeln, um sich eingehend mit einem solchen Uebereinkommen zu beschäftigen. Der Aufforderung entsprach ich. Wie aus meiner Einladung hervorgeht, war es nicht meine Absicht, durch den Vorschlag einer Konferenz in Rom zu diesem besonderen Zwecke das weitere Programm, betreffend die Feststellung gemeinsamer Regeln zur Lösung der Konflikte zwischen den Gesetzen verschiedener Staaten, fallen zu lassen. Wir nahmen das beschränktere Projekt an und gaben dabei der Hoffnung Ausdruck, die Gelegenheit werde günstig sein, wenn in Rom so viele in den juristischen Disziplinen bewanderte Personen zugleich mit den Abgesandten der betreffenden Regierungen anwesend sein würden, um vorläufig Ansichten auszutauschen und

genauere Erläuterungen über das allgemeine Thema zu geben,
da offenbar die mangelnde Kenntniß unserer Absichten in dieser
Hinsicht ein Haupthinderniß des Fortschreitens der von uns be-
fürworteten Unternehmung bildete.

Die auf solche Weise von der Regierung erlassene Einladung, welche nur eine vorläufige war mit Vorbehalt der Fest-
setzung eines bestimmten Termines, fand fast allseitig die freund-
lichste Annahme. Mit Ausdrücken unbedingter Zustimmung
und zum Theil mit Angabe von Vorschlägen für die zu be-
folgende Art und Weise der Berathung wurde insbesondere die
Annahme erklärt von Argentinien, Oesterreich-Ungarn, Columbien,
Costarica, Dänemark, Frankreich, Großbritannien, Griechen-
land, Guatemala, Honduras, den Niederlanden, Peru, Portugal,
Rumänien, Rußland, Salvador, Serbien, Spanien, Schweden
und Norwegen, der Schweiz und Venezuela.

Eine andere Regierung, für deren Gebiet die Gesetzgebung
durch die wechselseitige Autonomie zwischen den eine Einheit bil-
denden Staaten beschränkt ist, schien nicht geneigt, an der Konferenz Theil zu nehmen, gab jedoch zu erkennen, daß sie keine
Schwierigkeiten machen würde, die etwaigen Ergebnisse dieser
Konferenz in wohlwollende Erwägung zu nehmen.

Es folgt hier nun weiter die Mittheilung, daß und wes-
halb die Konferenz vorläufig nicht stattfand, weil nämlich die
Regierung zu jener Zeit eine sanitäre Konferenz in Rom zu-
sammenberufen hatte, mit welcher gleichzeitig jene andere Konferenz zusammentreten zu lassen nicht für angemessen erachtet sei.

Umfangreicher sind einige als besondere Anlagen abgedruckte Schriftstücke. Von diesen soll zunächst die Rede sein.

A. Von besonderem Interesse erscheint insbesondere die
ausführliche Antwort des chilenischen Ministers Verga vom
20. August 1882, welche mit einigen Kürzungen, insbesondere
unter Weglassung der Höflichkeitsformen im Wesentlichen dahin
lautet [1]):

---

1) Vgl. den spanischen Text im diario official de la república de
Chile vom 7. September 1882 Nr. I, 627. Der Text folgt der

In dem Memorandum werden als Hauptpunkte, über welche eine Vereinbarung erfolgen möchte, folgende bezeichnet:

1. Welches ist der Einfluß, den die Geburt einer Person auf deren Nationalität ausüben kann, wenn die Geburt in einem Lande erfolgt, welchem die Eltern ihrer Nation nach nicht angehören?

2. Welches ist der Einfluß der Ehe auf die Nationalität einer Ehefrau?

3. Soll der Verlust oder die Aenderung der Nationalität seitens des Ehemannes oder Familienvaters als eine Thatsache angesehen werden, die nur seine Person angeht und ohne Einfluß ist auf die Nationalität der Ehefrau und der Kinder, oder sollen dieselben auch für deren Nationalität von Bedeutung sein?

4. Nach welchem Gesetze soll die civilrechtliche Geschäftsthätigkeit der Personen sich bestimmen, nach dem Nationalgesetze oder nach dem Gesetze des Wohnsitzes?

5. Welchem Gesetze sollen die beweglichen und die unbeweglichen Sachen unterworfen sein; soll vereinbart werden, daß für beide Arten von Sachen dasselbe Gesetz gelte oder soll für jede Art ein besonderes Gesetz gelten; soll entscheidend sein das Gesetz des Ortes, an welchem die Sachen thatsächlich sich befinden, locus rei sitae, oder dasjenige, welches aus der Nationalität oder dem Wohnsitze des Eigenthümers sich ergibt?

6. Welches ist der wahre Sinn und die angemessene Tragweite des Grundsatzes: locus regit actum? gilt derselbe nur in Ansehung der äußeren Form oder entscheidet derselbe auch in Ansehung des Inhaltes und der Substanz des Aktes?

7. Nach welchem Gesetze soll die Erbfolge sich bestimmen? soll maßgebend sein der Grundsatz: tot haereditates

italienischen Uebersetzung, ist aber an einigen Stellen aus dem spanischen Texte ergänzt.

quot regiones, oder soll die Erbschaft als universum
jus angesehen werden und lediglich das Gesetz der
Nationalität des Erblassers entscheiden?

Vor einiger Zeit haben die hervorragendsten Juristen Vorschläge gemacht, nach welchen gewisse allgemeine Grundsätze des
internationalen Privatrechtes angenommen werden sollen, um aus
der Rechtswissenschaft die Schwankungen, Zweifel und Widersprüche zu entfernen, welche bestehen in Ansehung des Genusses
der bürgerlichen Rechte seitens der Ausländer in dem Lande,
in dem sie sich aufhalten, und welche ihre Lage sowie ihr Eigen-
thumsrecht an den von ihnen besessenen Sachen unsicher machen.
Die chilenische Regierung, welche ein Interesse daran hat, die
Einwanderung in ihr Land zu fördern, wird sich gern betheil-
ligen bei jedem Unternehmen zur Sicherung der Rechtsstellung
der Ausländer und zur Erleichterung der Möglichkeit, daß solche
Personen für sich und ihre Familie im Schoße unserer Gesellschaft eine angemessene Zukunft sich erringen, nicht minder zur
thunlichsten Gewährleistung der Früchte einer ehrenhaften Arbeit
unter dem Schutze unserer Einrichtungen und Gesetze, welche
auf wahrhaft freisinnigen Grundsätzen und der ausgedehntesten
und edelmüthigsten Gastfreundschaft beruhen.

Der Präsident der Republik betrachtet daher mit aufrich-
tiger Befriedigung die von der italienischen Regierung ergriffene
Initiative, deren Zweck ist, die Bande enger zu knüpfen, welche
die Einwanderung und der Handel täglich zwischen den Be-
völkerungen befestigen. Unter Berücksichtigung des allgemeinen
Interesses der Menschlichkeit und insbesondere des Interesses von
Chile sieht derselbe es als seine Pflicht an, diese wohlwollenden
Vorschläge nach Kräften zu unterstützen, soweit es die Verfassung und die legitimen Anforderungen des Interesses ge-
statten.

Erforderlich ist es jedoch, so lobenswerth die Vorschläge
sind, die Schwierigkeiten sich nicht zu verhehlen, welche den Vorschlägen entgegenstehen können.

Die politische Verfassung eines jeden Landes, sein religiöser Glaube, die eingewurzelten Gewohnheiten der Bewohner, welche die Grundlage des Nationalcharakters eines Volkes ausmachen, seine expansiven oder egoistischen Tendenzen, welche je nachdem zum Kosmopolitismus oder zur Isolirung führen, die verschiedene Höhe des geistigen, moralischen oder sozialen Standpunktes, auf welcher die verschiedenen menschlichen Vereinigungen stehen, die geringere oder größere Entwickelung des internationalen Handels u. s. w. sind ebensoviele Ursachen, welche jeder Nation eine besondere Physiognomie aufdrücken, eine besondere Art des Daseins verleihen. Hierin kann man vielleicht den wirklichen Ursprung der Widersprüche sehen, welche sich in den maßgebenden Grundsätzen ihrer Gesetzbücher wiederspiegeln. Es ist zu hoffen, daß diese Schwierigkeiten sich nach und nach mit den Fortschritten mindern werden, und daß der Handel allmählig die durch das entgegenstehende Interesse geschaffenen Hindernisse beseitigen wird. Leider scheint diese erfreuliche Zukunft jetzt noch ziemlich weit entfernt zu sein.

Dieses kann indessen kein genügender Grund sein, um sich der kräftigsten Mitwirkung zur Beschleunigung ihres Eintrittes zu enthalten. Was die Auslieferungsverträge gethan haben, um das moralische Gefühl unter den Völkern zu heben und sich gegenseitig gegen die zerstörende Thätigkeit der Verbrecher Gewähr zu leisten, was die telegraphischen und Postverträge gethan haben, um die internationalen Mittheilungen zu erleichtern — sollte sich das nicht in gleicher Weise thun lassen in Rücksicht auf die Beziehungen, welche den Gesellschaftsmenschen weit mehr interessiren, in Rücksicht auf die Beziehungen, welche ihn in jedem Augenblicke umgeben, welche ihm folgen von der Wiege bis zum Grabe? Wenn es nicht möglich ist, daß die vereinten Bemühungen der Regierungen aller civilisirten Staaten sofort dahin führen, die Grundsätze des internationalen Privatrechtes einheitlich zu gestalten, so steht doch zu hoffen, daß eine solche Einheitlichkeit sich theilweise erreichen läßt. Verharrt man auf diesem Wege mit nicht nachlassender Festigkeit, so werden die dadurch erzielten guten Ergebnisse den Weg erleichtern, um durch

die Humanität andere größere, aber noch weit fruchtbarere Ergebnisse zu erzielen.

Ich komme nunmehr zu den einzelnen Punkten, auf welche
sich die bezeichnete Aufforderung bezieht.

Die drei ersten Gegenstände des Programms können nicht
durch internationale Verträge zwischen unserer und der italienischen Regierung geregelt werden. Die Art, wie die Eigenschaft als chilenischer Bürger erworben oder verloren wird, ist
genau festgesetzt in den Art. 6, 7 und 11 unserer politischen
Verfassung. So wenig diese Grundsätze durch gewöhnliche Gesetze geändert werden können, so wenig können sie dem Ergebnisse
diplomatischer Verhandlungen unterworfen werden. Es mag
jedoch bemerkt werden, daß nach unserer Verfassung die Ehe keinen
Einfluß hat auf die Nationalität eines Chilenen. Die an einen
Ausländer verheirathete Chilenin bleibt Chilenin; diese Eigenschaft
macht es ihr möglich, auf ihre Kinder das chilenische Bürgerrecht zu übertragen durch die Thatsache allein, daß dieselben
später sich in Chile niederlassen, selbst wenn sie im Auslande
geboren sind. Da ferner die Nationalität eine höchst persönliche
Eigenschaft ist, so läßt sich logisch ableiten, daß der Verlust der
Nationalität nur die Person angeht, welche den Verlust erleidet,
und einflußlos ist in Ansehung der Nationalität der Ehefrau
und der Kinder.

Nur die vier anderen Punkte des Programmes können
Gegenstand der Erörterung und internationaler Verträge sein
und auch in dieser Beziehung können solche Verträge, allgemein
gesprochen, weniger darauf gerichtet sein, unsere innere Gesetzgebung zu ändern als darauf, zu bewirken, daß die anderen
Länder sich ihr anschließen.

Ich gehe dazu über, kurz die Grundsätze darzulegen, auf
welchen unsere Gesetzgebung in Ansehung der letzten vier Punkte
beruht. Der erste derselben, oben aufgeführt, unter Nr. 4, enthält die Frage, nach welchem Gesetze sich die civilrechtliche Geschäftsfähigkeit einer Person, welche im Auslande handelt und
einen Vertrag schließt, bestimmen soll; soll das Gesetz der Natio=

nalität oder das des thatsächlichen Wohnsitzes der Personen maßgebend sein?

Hier wird rein die so viel erörterte Frage des Personalstatutes gestellt, in Ansehung deren die verschiedensten Auffassungen
vertreten werden. Nach der Ansicht einiger Rechtsgelehrten soll
der status civilis einer Person wesentlich verschieden sein von
den davon abzuleitenden juristischen Eigenschaften (cualitates
juridicas) oder von der Fähigkeit oder Unfähigkeit, welche der
status bewirkt, und in Folge deren gewisse Rechtsgeschäfte rechtsgiltig oder nicht rechtsgiltig vorgenommen werden können. Nach
diesem Systeme soll der status civilis nach der Nationalität
der Person, dagegen sollen die juristischen Eigenschaften nach dem
Rechte des Aufenthaltes sich bestimmen.

Nach dem Urtheile Anderer ist diese Unterscheidung eine
willkürliche und ideale; ihr wird entgegengehalten, praktisch sei
es nur von Werth, zu wissen, welches der status einer Person
sei, wenn von demselben die civilrechtliche Geschäftsfähigkeit ab-
hänge; da die letztere nur eine Folge der ersteren sei, erscheine
es nicht logisch, darüber verschiedene Gesetze entscheiden zu lassen.
Dieser logische Mangel lasse das System als nicht haltbar erkennen. Möglich sei nur die Unterscheidung zwischen der allgemeinen Fähigkeit, Rechtsgeschäfte jeder Art vorzunehmen, und
der besonderen Unfähigkeit, gewisse Rechtsgeschäfte vorzunehmen
in der Art, daß die erstere sich bestimme nach dem Gesetze
der Nation, welcher die Person angehöre, die zweite nach dem
Gesetze des thatsächlichen Aufenthaltes.

Ein drittes, absoluteres System verwirft die beiden er-
wähnten Systeme. Nach der Auffassung seiner Anhänger soll
stets allein das Gesetz der Nationalität des Urhebers oder der
Urheber des Rechtsgeschäftes maßgebend sein, mag es sich han-
deln um den status selbst oder um seine juristischen Funktionen,
mag die allgemeine oder die besondere Fähigkeit der Person in
Frage stehen, es sei denn, daß die Anerkennung des status
oder der Fähigkeit ein moralisches oder streng obligatorisches
Gesetz des Landes, in welchem der Ausländer thatsächlich sich
aufhält, verletzt, z. B. wenn es sich um Anerkennung der Poly-

gamie handelt in einem Lande, dessen Gesetze die gleichzeitige Ehe
eines Mannes mit mehreren Frauen als unmoralisch verurtheilen,
oder daß es sich um die Sklaverei handelt in einem Lande,
in welchem ein menschliches Wesen Verkehrsgegenstand nicht sein
kann. Gegen dieses System läßt sich der Vorwurf eines
Mangels an Logik nicht erheben, wohl aber läßt sich ihm ent-
gegenhalten die Erwägung, daß damit die Herrschaft des Gesetzes ungebührlich erweitert wird und daß die praktische Anwendung zu Schwierigkeiten führt. Die Herrschaft des Gesetzes
ist wie die der Souveränetät des Staates eine wesentlich terri-
toriale. Als Regel vorzuschreiben, die Gerichte eines Landes
hätten z. B. als Volljährige diejenigen anzuerkennen, welche
nach ihren Gesetzen als Minderjährige zu beurtheilen sind, widerspricht der Souveränetät des Landes, welchem die Gerichte angehören, da für sie die von einer fremden Nation erlassenen
Gesetze keine Autorität haben. Folgerecht fehlt es dem Systeme
an der gesetzlichen Unterlage und dasselbe enthält einen Angriff
auf die Unabhängigkeit und Souveränetät eines Staates, wenn
den den status betreffenden Gesetzen oder denjenigen Gesetzen,
welche die daraus sich ergebende Geschäftsfähigkeit oder Geschäfts-
unfähigkeit regeln, Wirksamkeit außerhalb des Territoriums beigelegt wird. Dazu kommt, daß es für die Vertragschließenden
und für die Gerichte eines Landes Verlegenheiten schafft, wenn
sie fremde Gesetze kennen und danach beurtheilen sollen, ob das
in Rede stehende Rechtsgeschäft, welches geschlossen werden soll
oder über welches Streit entstanden ist, nach Maßgabe der fremd-
ländischen Gesetze, die ihnen zumeist unbekannt sein werden, giltig
geschlossen oder vorgenommen werden konnte oder nicht.

Unser Civilgesetzbuch verschmäht alle diese Systeme, und
stellt zwei allgemeine Grundsätze auf, welche zugleich die Souveränetät des eigenen Landes schützen und die anderer Länder
achten und beide sich mit der Unabhängigkeit eines jeden Staates
vereinigen lassen, den einen in Ansehung der Rechtsstellung des
Ausländers in Chile, den anderen in Ansehung der Rechtsstellung des Chilenen im Auslande. Der erste Grundsatz bestimmt
die ausschließliche Herrschaft unserer Gesetzgebung über den Aus-

länder, solange derselbe in Chile sich aufhält. Derselbe ist so formulirt:

„Art. 14. Das Gesetz ist obligatorisch für alle Bewohner des Staates mit Einschluß der Ausländer."

Danach wird die civilrechtliche Geschäftsfähigkeit des Ausländers, welcher in Chile ein Rechtsgeschäft vornimmt oder einen Vertrag schließt, nach dem chilenischen Gesetze beurtheilt, soweit das Rechtsgeschäft oder der Vertrag in Chile Wirkungen haben soll oder die Entscheidung chilenischer Gerichte angerufen wird, um Rechte oder Verbindlichkeiten, welche sich daraus ergeben, aufrecht zu erhalten oder zu schützen. Wenn also ein Franzose, Oesterreicher oder Preuße, welcher in Chile sich aufhält, nach dem Heimathgesetze als volljährig anzusehen ist, wird er, wenn er in Chile ein Rechtsgeschäft vornimmt oder einen Vertrag schließt, als minderjährig behandelt, solange er nicht 25 Jahre alt ist.

Der zweite Grundsatz, betreffend die Rechtsstellung des chilenischen Bürgers im Auslande, ist so gefaßt:

„Art. 15. Den vaterländischen Gesetzen, welche die civilrechtlichen Verbindlichkeiten und Rechte chilenischer Bürger regeln, bleiben die Chilenen unterworfen, unbeschadet ihres Aufenthaltes oder Wohnsitzes im Auslande:

1. in Ansehung des status der Person und deren Geschäftsfähigkeit zur Vornahme gewisser Akte, welche in Chile Wirksamkeit haben sollen;

2. in Ansehung der Verbindlichkeiten und Rechte, welche aus Familienbeziehungen entstehen, aber lediglich in Betreff des chilenischen Ehegatten und der chilenischen Verwandten."

Die Unterwerfung des Chilenen unter die vaterländischen Gesetze, solange er Aufenthalt oder Wohnsitz im Auslande hat, ist nicht eine absolute, sondern beschränkt auf die in diesem Artikel vorgesehenen beiden Fälle. Abgesehen von dieser Ausnahme, ist der Chilene vollständig der Herrschaft der Gesetze des Landes, in welchem er sich aufhält, unterworfen.

Die erste der Ausnahmen bezieht sich auf den status der
Person und die civilrechtliche Geschäftsfähigkeit, welche daraus
fließt. Aber sie enthält einen gesetzgeberischen Befehl nur für
den Fall, daß die kraft der Befugniß oder Fähigkeit, welche
der status verleiht, vorgenommenen Rechtsgeschäfte in Chile Wirksamkeit haben sollen. Liegt dieser Fall nicht vor, so bleibt die
civilrechtliche Geschäftsfähigkeit des Chilenen geregelt nach dem
Gesetze des Landes, in welchem er sich thatsächlich aufhält. In
solcher Weise begrenzt das Gesetz vorsichtig die Herrschaft seiner
Vorschriften auf dasjenige, was von ihm wirksam geregelt werden
kann. Dasjenige, was nach der Natur der Dinge seiner Autorität
sich entzieht, gibt es preis, das ist eine res inter alios acta. Eine
Folge des in dieser Ausnahme festgesetzten Grundsatzes ist es,
daß, wenn ein Chilene oder eine Chilenin eine Ehe im Auslande
eingegangen ist, welche in irgend welcher Hinsicht den Gesetzen nicht
entspricht, die Uebertretung für Chile dieselben Wirkungen hat,
wie wenn sie in Chile begangen wäre (Art. 19 Abs. 2 des chil.
Gesb.). So gilt die Civilehe, welche von einem der katholischen
Konfession Angehörenden in Frankreich geschlossen ist, ohne daß
die Ehe von dem zuständigen katholischen Pfarrer eingesegnet
ist, als legitim, so lange jener in Frankreich oder irgend einem
anderen Lande der Welt sich aufhält; begibt er sich aber nach
Chile, so erkennen unsere Gesetze die Ehe nicht als rechtsbeständig,
die in derselben geborenen Kinder nicht als legitim an.

Die zweite im vorbezeichneten Artikel 15 festgesetzte Ausnahme betrifft die Rechte und Verbindlichkeiten, welche aus Familienbeziehungen entstehen, aber ausschließlich gegenüber dem chilenischen Ehegatten oder den chilenischen Verwandten. Der Charakter
dieser Ausnahme ist ein allgemeinerer als der der ersten Ausnahme;
das Gesetz bezweckt eine Wirkung außerhalb des Territoriums.
Die chilenische Ehefrau oder die chilenischen Kinder z. B., deren
Ehegatte oder Vater in Frankreich oder Italien sich niedergelassen
hat, bleiben berechtigt, von diesem vor den Gerichten des Landes
seines Aufenthaltes die Gewährung von Unterhalt und die Erfüllung anderer aus den Familienbeziehungen sich ergebenden
Verbindlichkeiten zu verlangen, ohne daß das Wohnen im Aus-

lande den Ehegatten oder Vater davon befreite, diese Verbindlich-keiten zu erfüllen.

Streng genommen ist die Ausnahme gar keine Ausnahme. Es handelt sich nur darum, einer gesetzlichen Verbindlichkeit Kraft zu verleihen und der Einrede des Wegfalles durch Verlegung des Aufenthaltes oder des Wohnsitzes seitens des Verpflichteten die Bedeutung zu versagen. Das Gesetz wendet in diesem Falle auf die gesetzlichen Verbindlichkeiten denselben Grundsatz an, welcher auf die vertragsmäßigen Verbindlichkeiten angewendet wird. Ist in Ansehung der letzteren nicht ein besonderer Wohnsitz als Erfüllungsort bezeichnet, so kann der Verpflichtete zur Er-füllung gezwungen werden, wo auch immer er sich aufhält. In diesem Falle ist die Obligation für sich (mehr als das Gesetz) eine solche, welche Wirksamkeit auch im Auslande hat; diese Wir-kung der Obligation wird, sofern sie nicht mit dem öffentlichen Rechte oder mit den moralischen oder streng obligatorischen Vor-schriften des Staates, in welchem von dem Schuldner Erfüllung gefordert wird, im Widerspruch steht, von den Gesetzen aller civilisirten Nationen beachtet und geschützt. Diese Beachtung und dieser Schutz, welche in einem Staate den in einem anderen Staate gültig kontrahirten Obligationen zugestanden wird, enthält keinen Angriff auf die Souveränetät und Unabhängigkeit der Nationen. Dieser Schutz wird dem Menschen in seiner Eigenschaft als Glied der menschlichen Gemeinschaft zu Theil, nicht in seiner Eigenschaft als Bürger eines bestimmten Staates.

Bei genauerer Prüfung der beiden in Ansehung des Grund-satzes der ausschließlich territorialen Wirksamkeit des Gesetzes im Artikel 15 unseres Civilgesetzbuches enthaltenen Ausnahmen zeigt sich, daß sie in Wirklichkeit Ausnahmen nicht sind. Denn die erste findet, obschon sie die civilrechtliche Geschäftsfähigkeit des Chilenen der Herrschaft des heimischen Gesetzes für die Vor-nahme gewisser Akte im Auslande unterwirft, ausschließlich An-wendung, wenn solche Akte in Chile Wirkung haben sollen. In Ansehung der zweiten ist es mehr die aus solchen gesetzlichen Akten entstehende Obligation selbst als das Gesetz, welche im

Auslande Wirkung hat; die Anordnung, daß derjenige, welcher die Obligation kontrahirt, ihr unterworfen ist, wo immer er auch Aufenthalt nehme, enthält keinen Angriff gegen die Souveränetät eines Staates, sondern nur den einfachen Schutz eines Menschen in seiner Eigenschaft als Mitglied der menschlichen Gemeinschaft.

Unser Gesetzbuch hat durch diese Abweichung von dem Wege, welchen andere Gesetzgebungen eingeschlagen haben, der Gefahr von Konflikten mit jenen vorgebeugt und diese Gefahr vermieden, auch auf solche Weise den juristischen Akten größere Erleichterung und Sicherheit gewährt. Es hat in Ansehung dieses Gegenstandes einen ähnlichen Weg eingeschlagen wie einige andere Gesetzgebungen in Ansehung der Wechsel.

Der Wechsel, dieser mächtige Faktor der Geldzirkulation im Weltall, ist die am meisten kosmopolitische juristische Institution, welche bekannt ist. Es ist leicht einzusehen, welche Schwierigkeiten erwachsen müßten, wenn bei dem Wechsel, welcher bestimmt ist, von Hand zu Hand und durch verschiedene Länder zu gehen, erforderlich wäre, die civilrechtliche Geschäftsfähigkeit aller als Trassant, Acceptant, Girant, Trassat u. s. w. Betheiligten unter Berücksichtigung der Gesetze der Nationalität aller dieser Personen zu prüfen. Die Nothwendigkeit hat dahin geführt, daß nur Rücksicht genommen wird auf das an dem Orte, an welchem einer dieser Akte vorgenommen ist, in Ansehung der Geschäftsfähigkeit des Urhebers dieses Aktes geltende Gesetz unter völligem Absehen von demjenigen, was wegen der Geschäftsfähigkeit des Urhebers das Gesetz der eigenen Nationalität bestimmt.

Dies ist der Ausgangspunkt für den in unserem Gesetzbuch geltenden Grundsatz. Seine Annahme bestätigt die schon von einigen Rechtsgelehrten gemachte Beobachtung über die immer mehr um sich greifende Tendenz, den Geist des Handelsrechtes hineinzuziehen in die Sphäre des Civilrechtes, ein Phänomen, welches sich leicht erklärt und werth ist, vertheidigt und entwickelt zu werden, wenn erwogen wird, daß die Fortschritte der Civilisation der Völker dahin drängen, ihre Beziehungen zu vervielfachen und zu festigen, und daß der Handel das wichtigste und mächtigste Mittel ist, um diese Vereinigungsbestrebungen zu unterstützen.

Nach unserem Ermessen ist kein Vortheil zu erwarten von einer Aenderung unserer inneren Gesetzgebung in Bezug auf diese Frage, da unser Gesetz nicht, wie die Vorschriften anderer Gesetzbücher, Zweifeln Raum läßt, also auch keiner Erläuterung durch internationale Verträge oder Uebereinkünfte bedarf.

Ein weiterer in dem Memorandum als Gegenstand eines internationalen Uebereinkommens bezeichneter Punkt ist der, welches Gesetz zur Anwendung kommen soll in Ansehung der beweglichen oder unbeweglichen Sachen.

Unser Gesetzbuch hat in ebenso einfacher wie glücklicher Weise die Schwierigkeiten, welche sich hierüber erheben können, dadurch vermieden, daß es absolut die Regel vom locus rei sitae aus-spricht, ohne zwischen beweglichen und unbeweglichen Sachen zu unterscheiden. Es bestimmt im Artikel 16: „Die in Chile be-legenen Sachen (beni) sind den chilenischen Gesetzen unterworfen, auch wenn ihre Eigenthümer Ausländer sind und sich nicht in Chile aufhalten."

Wir haben nicht die von anderen Gesetzgebungen ange-nommene Fiktion übernommen, nach welcher bewegliche Sachen als der Person, welcher sie gehören, anhängend angesehen werden, mobilia ossibus inhaerent, und demgemäß dem örtlichen Rechte des Wohnsitzes des Eigenthümers und nicht dem Rechte des Ortes, an welchem sie sich befinden, unterworfen sind.

Daß unsere Regel der Billigkeit entspricht, lehrt schon die Erwägung, daß eine Sache Mehreren gehören kann, von denen ein Jeder eine andere Nationalität oder einen anderen Wohnsitz haben kann.

Wenn, um zu entscheiden, welchem Gesetze die Sache unter-worfen sei, auf die Nationalität oder den Wohnsitz des Eigen-thümers (dueño) zu sehen ist, so wird in dem bezeichneten Falle nicht zu erkennen sein, welches Gesetz den Vorzug verdiene; denn jeder Miteigenthümer würde beanspruchen können, daß seine Nationalität oder sein Wohnsitz den Vorzug verdiene, und alle würden das gleiche Recht haben, um ihren angeblichen Vorzug zu stützen. Jede Unsicherheit und jeder Konflikt wird durch die unbedingte Anwendung der Regel unseres Gesetzbuches locus regit actum abgeschnitten.

Zweifellos können Fälle vorkommen, in welchen die Anwendung dieser Regel Schwierigkeiten verursacht. Solche wären z. B. die des Transportes von Waaren, welche zur See oder zu Lande nach verschiedenen Ländern des Weltalls versendet werden oder während der Reise verschiedene Länder oder Meere, die unter der Herrschaft verschiedener Gesetze stehen, durchkreuzen müssen.

Wenn in Betracht kommt, welchem Gesetze in einem gegebenen Zeitpunkte die auf der Reise befindliche Waare unterworfen ist, so kann es sehr schwierig sein, dies zu bestimmen. Allein dieser Zweifel entsteht nicht aus der Regel selbst, sondern vielmehr aus der Schwierigkeit der Feststellung des Ortes, an welchem die Waare sich befindet, wenn die Regel angewendet werden soll.

Während eine Sache sich auf dem Transporte befindet, ist sie nicht an einem bestimmten Orte fixirt; es fehlt daher an einem Orte, an welchem die Sache sich befindet. Ein solcher ergibt sich erst, wenn sie dort ankommt, wohin sie abgesendet ist, es sei denn, daß Zufälle festgestellt werden, welche während der Reise den Transport nach diesem Orte hinderten. Im ersten Falle ist für die Sache das Recht des Bestimmungsortes maßgebend, im zweiten das Recht des Ortes, an welchem die Reise unterbrochen wird und deshalb nothwendig ist, daß die Waare dort verbleibe.

Die Erwägung dieser Ausnahmefälle hat vorzugsweise die Aufmerksamkeit einiger Rechtsgelehrten, z. B. von Story, erregt und diese geneigt gemacht, den Grundsatz mobilia ossibus inhaerent dem des locus rei sitae vorzuziehen, obwohl Story berichtet, daß die Gerichte von Louisiana fortgesetzt den zweiten Grundsatz, nicht den ersten anwenden.

Von unserer Seite wird in Abrede gestellt, daß ein wissenschaftliches Interesse oder ein Bedürfniß bestehe, in dieser Beziehung den Grundsatz unserer Gesetzgebung zu ändern.

Ein weiterer als Gegenstand eines Uebereinkommens bezeichneter Punkt ist der unter Nr. 6, betreffend die Definition der wahren Bedeutung und der legitimen Ausdehnung des Grundsatzes: locus regit actum.

In unserer Gesetzgebung besteht darüber ein Zweifel nicht. Dieselbe hält den Grundsatz fest, trägt aber zugleich Sorge, anzugeben, in welcher Sphäre die Anwendung sich zu halten hat. Der Artikel 17 unseres Gesetzbuches sagt darüber: „Die Form der öffentlichen Urkunden bestimmt sich nach den Gesetzen des Landes, in welchem die Urkunden errichtet sind. Ihre Authentizität wird bewiesen nach den in der Prozeßordnung festgestellten Regeln.“

Der bezeichnete Artikel befaßt sich nur mit der Form öffentlicher Urkunden und sagt nichts von Privaturkunden. Der Grund hierfür ist klar. Privaturkunden haben nicht eine von dem Gesetze bestimmte Form; es war daher nicht erforderlich, daß der Gesetzgeber sich damit beschäftigte, vorzuschreiben, welche Form zu beobachten sei, da doch solche Urkunden an eine bestimmte Form nicht gebunden sind.

Es versteht sich, daß unter der Form eines Aktes die äußeren Förmlichkeiten zu verstehen sind, welche beobachtet sein müssen.

Privaturkunden läßt das Gesetz, welches auch ihre Form sei, stets zu, wenn sie nicht Akte betreffen, welche in Chile Wirkung haben sollen und für deren Errichtung nach chilenischen Gesetzen eine öffentliche Urkunde erforderlich ist. So wird ein holographisches Testament, welches in einigen Ländern als giltig zugelassen ist, jedoch mit dem Charakter einer Privaturkunde, in Chile nicht zugelassen als Testament, d. h. als ein Akt, um über Vermögen zu verfügen, welches im Territorium des Staates sich befindet; denn nach unserem Gesetzbuche muß das Testament in der Regel ein solenner Akt sein, ausgenommen das privilegirte oder weniger solenne Testament, nämlich das mündliche in Gegenwart von drei Zeugen in Fällen äußerster Noth, das Soldatentestament und das Seetestament.

Die vorstehende Regel wird im Artikel 18 unseres Gesetz-

buches dahin gefaßt: „In Fällen, in welchen die chilenischen
Gesetze zum Beweise öffentliche Urkunden erfordern, welche in
Chile vorgelegt werden und Wirkung haben sollen, gelten nicht
Privatschriften, welches auch die Bedeutung der letzteren in dem
Lande sei, in welchem sie errichtet sind."

Der Inhalt und die Substanz der juristischen Akte regelt
sich nach anderen Grundsätzen.

Um den inneren Werth zu beurtheilen, ist es erforderlich,
verwickelte Elemente, welche sich nach verschiedenen Normen bestimmen, in Betracht zu ziehen:

1. die civilrechtliche Geschäftsfähigkeit des Urhebers des
juristischen Aktes. Dieser Punkt bestimmt sich im Allgemeinen
nach den Gesetzen des Landes, in welchem der Akt errichtet ist,
jedoch mit den schon zuvor dargelegten Beschränkungen;

2. den Ort, an welchem die Sache, auf welche der Akt sich
bezieht, sich befindet. Das Gesetz dieses Ortes beherrscht nothwendig die Giltigkeit des Aktes, welcher die Sache betrifft. So
ist die nach der Gesetzgebung einiger Länder giltige Schenkung
unter Ehegatten widerruflich, soweit sie Vermögensstücke betrifft,
welche in Chile belegen sind, sofern sie nicht durch den Tod
des Schenkers vor dem des Beschenkten rechtsbeständig und be-
stärkt ist (Art. 1138 Abs. 3, 1139 des Gesetzb.);

3. den im Vertrage für die Erfüllung der Obligation an-
gezeigten Wohnsitz. Die Bezeichnung eines Ortes, an welchem
erfüllt werden soll, enthält die freiwillige Unterwerfung der Vertragschließenden unter das Gesetz dieses Ortes. In Uebereinstimmung hiermit bestimmt der Artikel 16 Abs. 3 des Gesetzbuches: „Die Wirkungen der im Auslande geschlossenen Verträge,
bestimmen sich, wenn die Verträge in Chile erfüllt werden sollen,
nach den chilenischen Gesetzen." Folgerecht beginnt das Eigenthum
an einer in Frankreich getauften, in Chile zu übergebenden beweglichen Sache (especie) für den Käufer erst mit der Uebergabe, da
diese nach den chilenischen Gesetzen als gesetzlicher Erwerbsmodus
erforderlich ist; es genügt dazu nicht, wie in Frankreich, die einfache
Willensübereinstimmung des Verkäufers und des Käufers. Der Ver-

zug, die Verpflichtung zum Schadensersatze, zu welchem die Ver-
zögerung Anlaß geben kann, und der Mangel der Erfüllung der
Obligation regeln sich nach dem chilenischen Gesetze, welches absolut ausschließt, daß in dieser Beziehung die Gesetze des Ortes,
an welchem der Vertrag geschlossen ist, maßgebend sein können.

Der Grundsatz: locus regit actum, ist hiernach vollständig
definirt und klargestellt in jedem der Elemente, auf welches seine
Anwendung sich erstrecken kann; für uns kann die Nothwendigkeit
einer Klarstellung nicht anerkannt werden.

Der letzte Punkt des Memorandums bezieht sich auf den
Zweifel, nach welchem Gesetze die Erbfolge sich bestimmen soll.

Wenn in dieser Hinsicht in einigen Gesetzgebungen ein
Zweifel bestehen kann, so doch gewiß nicht in der unserigen;
die Art, wie dieselbe die Zweifel löst, ist die von den Rechtsgelehrten zumeist angenommene und empfohlene.

Unser Gesetzbuch schließt sich, obwohl es im Widerspruche
mit dem römischen Rechte zuläßt, daß Jemand theils aus dem
Gesetze theils aus dem Testamente beerbt werden kann, doch
völlig dem römischen Rechte darin an, daß es die Masse der
Vermögensgegenstände, welche den Gegenstand der Erbfolge ausmachen, als ein universum jus erachtet. Diese Universalität
des Erbvermögens bedingt die Einheit der Gesetze und der Jurisdiktion, um das Vermögen zu reguliren und unter die Erben
und Legatare des Erblassers zu vertheilen.

Die Hauptgrundsätze unseres Gesetzbuches in Ansehung dieses
Gegenstandes sind: „Artikel 955. Die Erbfolge in den Nachlaß
einer Person wird eröffnet im Augenblicke des Todes derselben
in deren letztem Wohnsitze, sofern nicht ausdrücklich Ausnahmen
vorgeschrieben sind. — Die Erbfolge bestimmt sich nach dem
Gesetze des Wohnsitzes, an welchem sie eröffnet wird, unbeschadet
der gesetzlichen Ausnahmen.“

Als Ausnahme von dieser Regel ist aufgestellt die zu Gunsten
des überlebenden chilenischen Ehegatten, der chilenischen Kinder
und Verwandten, welche nach unseren Gesetzen je nach Umständen
einen Anspruch haben auf einen Vermögenstheil des vorverstor-
benen Gatten, auf einen Pflichttheil oder Alimente auch gegen-

über einem Ausländer, selbst wenn die Erbschaft außerhalb des Territoriums des Staates eröffnet wird.   Wenn nach den Gesetzen des Ortes des letzten Wohnsitzes die Wittwe und die Kinder des Erblassers keinen Anspruch auf die Erbschaft haben, so sollen sie die vorbezeichneten Rechte dennoch nach Maßgabe der chilenischen Gesetze in Ansehung der in Chile hinterlassenen Vermögensstücke haben.   Diese Ausnahme ist in folgender Fassung vorgeschrieben:

„Art. 998.   Bei der gesetzlichen Erbfolge in den Nachlaß eines Ausländers, welcher innerhalb oder außerhalb des Territoriums des Staates stirbt, haben die Chilenen unter dem Titel Erbschaft, eheliche Portion oder Alimente diejenigen Rechte, welche ihnen nach den chilenischen Gesetzen bei der gesetzlichen Erbfolge in den Nachlaß eines Chilenen zustehen würden. — Die betheiligten Chilenen können verlangen, daß ihnen von den in Chile vorhandenen Vermögensstücken des Ausländers Alles zuerkannt werde, was ihnen bei der Erbfolge nach dem Ausländer gebührt."

Stirbt der Ausländer mit Hinterlassung eines Testamentes, ohne seiner Ehefrau und seinen Kindern die eheliche Portion oder den Pflichttheil, welcher ihnen nach chilenischen Gesetzen gebührt, zu hinterlassen, so ermächtigen die Artikel 1217 und 1221 des Gesetzbuches diese Personen, ihre betreffenden Rechte durch eine Klage auf Aenderung des Testamentes zur Geltung zu bringen. In diesem Falle soll, um die Kläger wieder in den Besitz der Rechte zu setzen, deren sie beraubt werden sollen, gegen die von dem Erblasser in Chile hinterlassenen Vermögensstücke in derselben Weise vorgegangen werden wie im Falle der gesetzlichen Erbfolge.

Diese Ausnahme entspricht dem allgemeinen im Artikel 16 des Gesetzbuches festgestellten Grundsatze, nach welchem „in Chile belegene Sachen den chilenischen Gesetzen unterworfen sind, selbst wenn deren Eigenthümer Ausländer sind oder in Chile sich nicht aufhalten".

Nicht überflüssig erscheint, darauf hinzuweisen, daß in Uebereinstimmung mit der allgemeinen im Artikel 57 unseres Gesetzbuches enthaltenen Vorschrift, welche besagt: „Das chilenische Gesetz kennt in Ansehung des Erwerbes und des Genusses der bürgerlichen Rechte, welche in diesem Gesetzbuche geregelt sind, keinen Unterschied zwischen einem Chilenen und einem Ausländer", im Artikel 997 vorgeschrieben ist: „Ausländer sind zu der in Chile eröffneten Erbfolge in gleicher Weise und nach denselben Regeln wie die Chilenen berufen."

Die Gleichstellung des Chilenen mit dem Ausländer in Ansehung des Erwerbes und des Genusses der bürgerlichen Rechte stellt unser Gesetzbuch absolut auf ohne Rücksicht auf die Gegenseitigkeit, welche die Gesetzgebungen anderer Länder erfordern, vielmehr erfreut sich der Ausländer durchaus derselben Rechte wie ein Nationaler oder Eingeborener.

Aus dieser Darstellung erhellt, wie wenig fruchtbringend für Chile Verträge, wie sie vorgeschlagen sind, sein würden, es sei denn, daß die Bestrebungen dahin gingen, Uebereinstimmung mit unserem Rechte herbeizuführen.

. . . .

Zwei Punkte sind aber vorhanden, über welche wir mit Befriedigung internationale Vereinbarungen erstreben möchten, nämlich über die Wirkung der von den Gerichten des einen Staates ergangenen Urtheile gegenüber den Gerichten eines anderen Staates und darüber, welche Wirkung außerhalb des Territoriums der bürgerliche oder kaufmännische Konkurs hat, mag er ein freiwilliger oder ein erzwungener sein.

Die Verschiedenheit der Rechtswissenschaft in Ansehung dieser beiden Punkte schädigt schwer die Beziehungen zwischen den Ländern, welche mehr oder weniger eng durch das Band der Einwanderung und des Handels miteinander verbunden sind. Es wäre daher sehr nützlich für die Vermehrung dieser Beziehungen, wenn die Ursachen, welche sich deren Abwickelung entgegenstellen, beseitigt werden könnten.

Wenige Punkte gibt es im internationalen Privatrechte, welche zu größeren Schwierigkeiten Anlaß geben als die Insolvenz oder der Konkurs einer Person, wenn diese Handelsetablissements oder Vermögen in verschiedenen Ländern und Gläubiger in jeder dieser Länder hat. Die Hauptfragen, welche sich erheben, sind folgende:

1. Welcher Richter ist zuständig für die Erklärung des Zustandes der Insolvenz oder des Konkurses? Entscheidet die Nationalität des Gemeinschuldners oder sein Wohnsitz oder der Ort, wo seine Vermögensstücke sich befinden? Falls mehrere Richter in gleicher Weise zuständig sind, wie es z. B. vorkommen kann, wenn der Schuldner industrielle oder Handels-Etablissements in verschiedenen Ländern hatte, soll die von einem der Richter durch Erklärung des Konkurses ergriffene Initiative den anderen Richtern das Recht entziehen, auch ihrerseits den Konkurs zu eröffnen?

2. Welche Wirkung hat die Erklärung der Insolvenz oder des Konkurses durch die Gerichte eines Landes vor den Gerichten des anderen? Soll von den letzteren auf dem Gebiete der eigenen Gerichtsbarkeit als insolvent oder als Gemeinschuldner derjenige anerkannt werden, welcher von jenen als ein solcher erklärt ist?

3. Soll ein Gericht allein über die Konkurseröffnung befinden? Nach welchem Gesetze bemessen sich die Vorzugsrechte und der Rang der Gläubiger der verschiedenen Länder, falls die Gesetze, welche für dieses Gericht maßgebend sind, nicht übereinstimmen mit den Gesetzen des Ortes, an welchem der Vertrag geschlossen oder die Obligation zu erfüllen war? Soll die lex fori oder die lex loci contractus vorgehen?

4. Soll die Einheit der Jurisdiktion über Insolvenz und Konkurs sich ausschließlich auf die persönlichen Gläubiger gegenüber der Konkursmasse oder auch auf die durch Pfand oder Hypothek gesicherten Gläubiger erstrecken?

5. Soll die Unterscheidung zwischen freiwilliger und erzwungener Vermögensabtretung zugelassen werden, um zu entscheiden, ob die Insolvenz oder der Konkurs vor den Gerichten des anderen Landes mehr oder weniger weit reichende Wirkungen hat?

Einige Gerichte, z. B. die von Frankreich, bewilligen, sofern nur ein „pareatis" ergangen ist, die Zwangsvollstreckung in die Vermögensstücke, welche in ihrem Territorium belegen sind, wenn ein ausländisches Gericht Konkurs erklärt hat, ohne zwischen freiwilliger und erzwungener Vermögensabtretung zu unterscheiden. Andere Gerichte, z. B. die der nordamerikanischen Union, lassen diese Unterscheidung zu. Bei der ersteren Form der Insolvenz- oder Konkurs-Erklärung wenden sie den Grundsatz des jus disponendi et legitimi dominii in vollem Umfange an; dem Schuldner wird die Befugniß zugestanden, sein Vermögen auf die Gläubiger zu übertragen in derselben Unbeschränktheit, in welcher er unter gewöhnlichen Verhältnissen an irgend Jemanden veräußern kann. In diesem Falle wird die durch die Gläubiger angenommene freiwillige Vermögensabtretung vor einem ausländischen Gerichte von den Gerichten der nordamerikanischen Union als zu Gunsten der Gläubiger wirksam anerkannt auch in Ansehung der Vermögensstücke, welche der Gemeinschuldner in ihrem Gebiete besitzt; ohne Widerspruch werden die Vermögensstücke dem Konkursverwalter oder den -Verwaltern ausgeliefert. Ist dagegen die Vermögensabtretung eine erzwungene, so daß eine den Konkurs erklärende Entscheidung den Gemeinschuldner der Interdiktion unterwirft und ihm die Fortsetzung des Besitzes und der Verwaltung untersagt, so wenden die amerikanischen Gerichte das Gesetz des locus rei sitae an und leugnen die Zuständigkeit und die Autorität des Gerichtes, welches den Konkurs erklärt hat; folgerecht versagen sie dem fremden Gesetze und der fremden richterlichen Entscheidung jede Wirkung außerhalb des betreffenden Territoriums, welche für das Interesse und die Rechte der amerikanischen Bürger zum Nachtheile gereichen kann. Erfüllt der Schuldner seine Verbindlichkeiten im Territorium der Vereinigten Staaten, so beunruhigen sie sich deshalb nicht; erfüllt er sie nicht, so wird Konkurs eröffnet und werden seine Gläubiger mit demjenigen, was der Schuldner dort besitzt, befriedigt.

Ein anderes System läßt, ohne zwischen freiwilliger und erzwungener Vermögensabtretung zu unterscheiden, weder eine einheitliche Jurisdiktion noch ein einheitliches Konkursgesetz zu;

nur zum Schutze des Interesses der Einwohner des Landes wird die Regel festgehalten: tot decoctiones quot regiones. Nach diesem Systeme hat jede durch das Land des Aufenthaltes der Gläubiger bestimmte Gläubigergruppe das Recht, zu verlangen, daß eine Konkursmasse gebildet werde; jeder Gläubiger kann aus dem dort von dem Gemeinschuldner besessenen Vermögen Befriedigung nach Maßgabe der in den Landesgesetzen festgesetzten Rangordnung verlangen.

Diese kurze Darlegung wird genügen, um die Angemessenheit und Nothwendigkeit klarzustellen, die Gesetze gleich zu machen.

Die Insolvenz oder der Konkurs sind ihrer Natur nach nur eine praesuccessio in die Vermögensstücke des falliten Schuldners. Was der natürliche Tod einer Person für deren Erben ist, ist die Insolvenz oder der Konkurs eines lebenden Schuldners für dessen Gläubiger, nämlich ein gesetzlicher Grund zur Uebertragung der Vermögensstücke, wenn nicht dem Eigenthume nach, so doch wenigstens in Ansehung der Verwaltung aus den Händen des Schuldners in diejenigen der Gläubiger, mit der Befugniß, sie zu verkaufen und den Erlös zur Befriedigung ihrer Forderungen zu verwenden, soweit der Werth reicht.

Diese grundsätzliche Analogie zwischen der Erbschaft und dem Konkurse könnte nahelegen, den Konkurs den gleichen Regeln wie jene zu unterwerfen, also Einheit des Gesetzes und der Jurisdiktion zu erfordern, um die Konkursmasse zu regeln und zu vertheilen. Der Uebergang der Vermögensstücke auf Grund des Todes enthält einen Erwerb kraft gratuiten Titels, während der Vermögensübergang auf Grund der Insolvenz oder des Konkurses nur eine Hingabe an Zahlungsstatt ist für Forderungen, welche kraft onerosen Titels zustehen.

Folgerecht kann die Einheit des Gesetzes in Ansehung der Vertheilung der Konkursmasse unter die Gläubiger derselben in vielen Fällen dahin führen, daß das der Forderung anhaftende Vorzugsrecht verletzt wird. An dem Vermögen des Gemeinschuldners können nach dem Landesgesetze, welches die Forderungen beherrscht, gewisse Privilegien oder Vorzugsrechte bestehen,

z. B. für die Ehefrau wegen des Eingebrachten, für den Haus-
sohn wegen des von dem Vater verwalteten peculium adven-
titium, für den Mündel wegen des dem Vormunde anvertrauten
Mündelvermögens; diese Privilegien und Vorzugsrechte können
von dem Gesetze des Landes, in welchem der Konkurs eröffnet
wird, nicht anerkannt sein. Die lex loci würde daher, wenn
die Vertheilung der Konkursmasse sich danach bestimmte, im
Widerspruche stehen mit der lex loci contractus, welche über
das Vorzugsrecht der Forderung bestimmt. Bei einer vorläufigen
Prüfung widerstrebt es dem Rechtsbewußtsein, daß durch das
zur Befriedigung einer Forderung erforderliche Verfahren die
Eigenschaft der Forderung sich ändern und diese der ihr nach
ihrem Ursprunge anhaftenden Privilegien und Vorzugsrechte beraubt werden soll. Diese Erwägung hat einige Rechtsgelehrte
bewogen, den Grundsatz von der lex fori als absoluten zu ver-
werfen und den von der lex loci contractus zu bevorzugen; dies
führt aber, wenn nicht nothwendig, so doch natürlich, zur Anerkennung der Regel: tot decoctiones quot regiones.

Unsere Gesetzgebung befolgt in dieser Hinsicht keine Regel.
Sie sieht nur das Verfahren vor für Fälle der Insolvenz oder
des Konkurses, welche sich im Inlande ereignen; sie beschäftigt
sich nicht mit den Fällen außerhalb des Landes. In Ansehung
der ersteren bekennt sie sich zu dem Grundsatze der Einheit der
Jurisdiktion und der Universalität des Konkursverfahrens. Nothwendige Folge davon ist, daß nur ein Konkurs bestehen kann.
Von dieser Regel macht aber der Artikel 2477 des Gesetzbuches
folgende Ausnahme: „Die dritte Klasse der Forderungen umfaßt
die Hypotheken. — Ueber jede unbewegliche, mit einer Hypothek
beschwerte Sache kann auf Verlangen der Gläubiger oder eines
derselben ein Partikularkonkurs eröffnet werden (tot decoctiones
quot hypothecae), weil diese daraus unmittelbar nach der Rangordnung ihrer Hypotheken Befriedigung verlangen können. —
Hypotheken von demselben Datum, welche eine und dieselbe unbewegliche Sache beschweren, erhalten ihr Vorzugsrecht nach der
Reihe der Einschreibung. — In diesem Konkurse werden vorab
die Gerichtskosten bezahlt.“

Die einzige Vorschrift über internationales Recht, welche unser Gesetzbuch über diesen Gegenstand enthält, ist die des Artikel 2484; sie lautet: „Im Auslande geschlossene Ehen, welche nach dem Artikel 118 in Chile Wirkungen haben sollen, geben den Forderungen der Ehefrau auf das im chilenischen Territorium sich befindende Vermögen des Ehemannes dasselbe Vorzugsrecht wie die in Chile geschlossenen Ehen."

Zweifelhaft ist, ob die Verfahrensvorschrift für Konkurse, welche im Inlande eröffnet werden, wenigstens analog angewendet werden kann auf die im Auslande eröffneten Konkurse, oder nicht.

Ueber diesen Gegenstand würden wir gern in Verhandlungen eintreten, insbesondere mit den Regierungen derjenigen Länder, mit welchen unser Staat in engen Handelsbeziehungen steht.

––––––– – –

B. Erhebliche Bedeutung wird in der Mittheilung auch einem Memoire des dänischen Justizministers vom Januar 1882 beigelegt. Dasselbe ist in dem französischen Text mitgetheilt. Der nachfolgende Auszug übergeht wiederum einzelne minder erhebliche Sätze. Der Inhalt in dieser Beschränkung ist folgender:

Unbestreitbar würde ein Vertrag, durch welchen gewisse allgemeine Grundsätze zur Lösung der Hauptfragen des internationalen Privatrechtes angenommen werden, ein mächtiges Mittel sein, um die Unzuträglichkeiten zu beseitigen, welche sich aus der in der Gesetzgebung und der Praxis der einzelnen Staaten bestehenden Nichtübereinstimmung ergeben, wenn ein solcher Vertrag eine gewisse Zahl der Staaten, und vor Allem die Großmächte, mitumfaßte. Die so vereinbarten Regeln würden zweifellos nach und nach auch von denjenigen Staaten angenommen werden, welche den Vertrag nicht mitabschließen. Ebenso ist anzunehmen, daß die vertragschließenden Staaten die Grundsätze, welche eine so allgemeine Sanktion erhielten, in ihre Gesetzgebung einführen würden. Man kann nicht erwarten, daß viele Staaten, deren Gesetzgebungen so verschieden sind, sich über alle die zahlreichen Fragen, zu welchen das internationale Privatrecht Anlaß gibt, verständigen werden, — Fragen, von welchen viele noch keine sichere und unangefochtene Lösung gefunden haben. Bei angemessener Beschränkung werden jedoch einige erhebliche Grundsätze allgemeine Anerkennung finden und als Grundlage dienen für weitere Arbeiten und eine neue Vereinbarung. Versuche, durch eine Delegirtenkonferenz über die Vollstreckung ausländischer Urtheile eine Vereinbarung zu erzielen, sind bis jetzt ohne Erfolg geblieben. Aber es steht zu hoffen, daß mehr und mehr das Bedürfniß, die Gesetzgebung und die Praxis der verschiedenen Staaten auf dem Gebiete des internationalen Privatrechtes in Uebereinstimmung zu bringen, anerkannt werden wird und daß die besonderen Gründe, welche bisher einige Großmächte gehindert haben, sich anzuschließen, nicht für immer fortbestehen werden. Wenn dabei eine gewisse Anzahl von Staaten sich betheiligt, wird Dänemark nicht zurückbleiben und nach Kräften zur Lösung der Frage beitragen.

Die bisher zwischen einzelnen Staaten geschlossenen Verträge können in dieser Hinsicht nicht von erheblicher Bedeutung sein. Denn sie sind geschlossen mit Rücksicht auf konkrete Umstände und hatten nur eine Ausgleichung zwischen den Gesetzgebungen der Vertragschließenden zum Ziele. Es könnte nur zufällig sein, wenn daraus gleichmäßigere und allgemeiner anerkannte Grundsätze als aus den verschiedenen Gesetzgebungen selbst sich sollten entnehmen lassen. ... Verträge zwischen einzelnen Staaten würden um so weniger zu dem Ziele einer größeren Einheitlichkeit der Grundsätze führen, als natürlich jeder Staat geneigt ist, die durch seine Gesetzgebung und seine Praxis geheiligten Auffassungen als diejenigen anzusehen, welche allein der Gerechtigkeit und Billigkeit entsprechen.

Zwischen Italien und Dänemark allein bedarf es in Ansehung mehrerer Punkte schon deshalb eines Vertrages nicht, weil in Bezug auf dieselben die Gesetzgebungen einander sehr nahe stehen, während in Ansehung anderer der Unterschied so groß ist, daß sich nicht absehen läßt, auf welche Weise die Verschiedenheiten ohne große Inkonvenienz für beide Theile sich sollten beseitigen lassen.

I. Die Rechtsstellung der Ausländer ist nach der dänischen wie nach der italienischen Gesetzgebung (Art. 3 der einleitenden Vorschriften) im Allgemeinen die, daß die Ausländer in Ansehung des Civilrechtes die gleichen Rechte genießen wie die Inländer. Ausländer, welche vor dänischen Gerichten eine Klage anstellen, haben nicht Sicherheit zu leisten, weder dafür, daß sie diejenige Summe, zu welcher sie verurtheilt werden möchten, noch daß sie die ihnen zur Last gelegten Kosten zahlen werden. Es wird ihnen sogar nach denselben Regeln wie den Inländern Kostenfreiheit bewilligt (beneficium processus gratuiti). Es bedarf also in dieser Hinsicht nicht eines Vertrages, da nicht anzunehmen ist, daß einer der Staaten von den bereits anerkannten freisinnigen Grundsätzen, welche dem Geiste der modernen Zeit entsprechen, einen Schritt zurückthun wolle. Im Hinblick auf eine solche Eventualität läßt sich ein praktisches Bedürfniß, einen Vertrag zu schließen, nicht anerkennen.

II. In Bezug auf die Nationalität weicht das dänische Recht grundsätzlich erheblich ab von dem italienischen. Nach dem letzteren hängt die Nationalität wesentlich ab von dem Ursprunge, die Geburt auf dem Territorium kommt nur in einzelnen besonderen Fällen in Betracht. Nach dem dänischen Rechte ist die Geburt auf dem Territorium das prinzipale Element; haben dänische Eltern im Auslande sich niedergelassen, so gelten ihre Kinder nicht als Dänen, während andererseits auf dänischem Territorium geborene Kinder ausländischer Eltern als Dänen angesehen werden, wenn sie daselbst bis zur Vollendung ihrer Erziehung verbleiben. Ferner verliert eine dänische Frau ihre Nationalität nicht durch die Verheirathung mit einem Ausländer und eine Ausländerin wird nicht Dänin, wenn sie einen Dänen heirathet. Anders in Italien. Eine Verständigung hierüber zwischen Dänemark und Italien allein erscheint nicht möglich. Ueber einzelne Ausflüsse der Unterthaneneigenschaft wäre eine vertragsmäßige Vereinbarung denkbar, z. B. um die Inkonvenienzen der doppelten Unterthaneneigenschaft zu beseitigen. Ueber einen der Hauptpunkte, die Verpflichtung zum Dienst im Heere, besteht bereits ein Vertrag mit Italien (dänische Deklaration vom 29. Oktober 1868).

III. In Ansehung des status und der Geschäftsfähigkeit einer Person besteht zwischen den Gesetzgebungen der beiden Staaten der grundsätzliche Unterschied, daß für Anwendung des statutum personale nach dänischem Rechte nur die lex domicilii in Betracht kommt, aber nicht die Nationalität. Die dänische Gesetzgebung stimmt insoweit überein mit dem Rechte Englands und vieler anderen Staaten. Dänemark könnte sich nicht wohl verpflichten, die Italiener nach anderen Grundsätzen zu behandeln wie andere Ausländer, zumal nicht anerkannt werden kann, daß der von Italien und mehreren anderen Staaten angenommene Grundsatz von dem wissenschaftlichen Gesichtspunkte aus den Vorzug verdiene. Es läßt sich dafür, daß die Nationalität mehr als der Wohnsitz Berücksichtigung verdiene, hauptsächlich die praktische Erwägung geltend machen, daß die Nationalität seltener und schwieriger als der Wohnsitz gewechselt wird, und daß daher der Anschluß an die Nationalität größere Sicherheit für alle Fragen des statutum personale gewähre. Sollte diese Erwägung maßgebend sein, so hat Dänemark wenigstens so lange keinen Anlaß, den bisherigen Grundsatz zu verlassen, als der von der italienischen Gesetzgebung angenommene Grundsatz nicht allgemein und im Besonderen von den Staaten, mit welchen Dänemark am meisten Beziehungen hat, befolgt wird. Dies ist aber nicht der Fall.

IV. In Ansehung der Erbfolge stimmen die in Dänemark in Kraft stehenden Grundsätze überein mit den im italienischen Gesetzbuche Artikel 8 (der einleitenden Vorschriften) aufgestellten, natürlich mit dem aus dem Vorstehenden sich ergebenden Unterschiede; es entscheidet nämlich nicht die Nationalität des Erblassers, sondern der Wohnsitz zur Zeit seines Todes. Daß Lehen und Majorate nach den besonderen für die Nachfolge aufgestellten Regeln übertragen werden, mögen diese Regeln aus der Errichtungsurkunde oder aus der regelmäßigen dänischen Gesetzgebung

zu entnehmen sein, und daß in dieser Hinsicht weder die Nationalität noch der Wohnsitz des letzten Besitzers in Betracht kommt,
bedarf keiner Darlegung.   Von selbst versteht sich auch, daß die
auf die Erbtheilung sich beziehenden Vorschriften, welche im Do-
mizile des Erblassers gelten, nicht angewendet werden dürfen,
wenn sie mit zwingenden Vorschriften der dänischen Gesetzgebung
im Widerspruche stehen, z. B. in Ansehung des Verbotes der
Theilung von Grundeigenthum u. dergl.   Indessen dürfte dies
auch mit dem Artikel 12 des italienischen Gesetzbuches (der einleitenden Vorschriften), soweit zu sehen, übereinstimmen.   In
Ansehung der Erbfolge bedarf es demnach des Abschlusses von
Verträgen nicht.

V. In Ansehung der äußeren Form für Rechtsgeschäfte
unter Lebenden stimmt im Allgemeinen die dänische Gesetzgebung
mit dem italienischen Gesetzbuche überein (Artikel 9 Abs. 1 a. a. O.).
In Betreff der Form der Verfügungen von Todeswegen wird
als Regel angesehen, daß die lex loci actus entscheidet, jedoch
mit der Maßgabe, daß die Rechtswissenschaft nicht Stellung genommen hat zu der Frage, ob die lex loci von dänischen Gerichten dann anzuwenden sei, wenn ein Fremder hinreichend
lange vor seinem Tode im Inlande den Wohnsitz gehabt hat,
um sein Testament nach den Regeln der dänischen Gesetzgebung
von Neuem zu errichten.   Um dieses einzelnen Punktes willen
dürfte jedoch die Abschließung von Verträgen nicht veranlaßt sein.

VI. Die Fragen, welche den Gegenstand der Artikel 7
und 9 Abs. 2 des italienischen Gesetzbuches bilden (richtiger der
einleitenden Vorschriften: lex rei sitae; Substanz und Wirkungen von letztwilligen Verfügungen, Schenkungen und Obligationen), haben nie zu einer gesetzgeberischen Vorschrift in Dänemark Anlaß gegeben.   Die Lösung der Fragen ist daher in
etwa vorkommenden Fällen den Gerichten überlassen, welche nicht
behindert sind, den in der Wissenschaft jeweilig anerkannten
Grundsätzen sich anzuschließen.   In den Grundzügen werden sie
sich schwerlich weit von den im italienischen Gesetzbuche aufgestellten Regeln entfernen.   Für diese verwickelten und in vielen

Beziehungen streitigen Fragen dürfte eine Nothwendigkeit, darüber Verträge zu schließen, nicht bestehen.

C. Als eine besondere Anlage ist ferner der in dieser Zeitschrift Band 25 S. 545 abgedruckte, zwischen verschiedenen südamerikanischen Staaten geschlossene Vertrag vom 9. November 1878 nebst Protokoll vom 5. Dezember 1878 mitgetheilt. Wie weit die im Artikel 57 vorbehaltene Billigung des Vertrages seitens der betheiligten Regierungen der Regierung von Peru angezeigt ist, hat nicht festgestellt werden können. Aus einer Mittheilung des Ministers von Peru vom 19. Mai 1884 erhellt jedoch, daß damals seitens des Ministers angenommen wurde, der Vertrag werde in Kurzem für die fünf kontrahirenden Staaten Gesetzeskraft erlangen.

Von den Erklärungen der einzelnen Staaten, welche in dem Aktenstücke zumeist chronologisch mitgetheilt sind, mögen hier noch einige folgen, jedoch sollen nur sachliche Aeußerungen Aufnahme finden. Von der Mittheilung der wohlwollenden Antworten, welche ein sorgfältiges Studium der einschlagenden Fragen in Aussicht stellen, aber aufklärende Bemerkungen nicht enthalten, ist abgesehen.

I. Unter dem 15. Dezember 1881 läßt sich der englische Minister Granville dahin aus:

Ueber die Nationalität und die rechtliche Stellung der an Ausländer verheiratheten Frauen trifft, soweit England betheiligt ist, das Gesetz über die Naturalisation von 1870 (an act to amend the law relating to the legal condition of aliens and British subjects vom 12. Mai 1870; an act to amend the law relating to taking the oaths of allegiance or naturalisation) hinreichende Vorsorge.

Ueber Wohnsitz und Erbfolge wurde zwischen England und dem canton du Vaud am 27. August 1872 eine Deklaration ausgetauscht. Die Deklaration bezieht sich auf die Erbfolge und die Erbschaftssteuer von dem Nachlasse großbritannischer Unterthanen. Im Uebrigen sind in dieser Hinsicht in Betracht zu ziehen zwei Gesetze vom 6. August 1861 ann. 24/25 Vict. reg. cap. 114 und 212, an act to amend the law with respect to the wills of personal estate made by British subjects und an act to amend the law in relation to the wills and domicile of British subjects dying whilst resident abroad and of foreign subjects dying whilst resident within Her Majesty's dominions.

Die Vollstreckung der Urtheile auswärtiger Gerichte betreffend besteht kein gesetzgeberischer Akt; aber die angewendeten Grundsätze sind die gleichen wie diejenigen, auf welchen die Vorschriften des italienischen Gesetzbuches über diesen Gegenstand beruhen. Die Regierung ist nicht befugt, über diesen Gegenstand Verträge zu schließen. Zu erwähnen ist jedoch das Gesetz vom 17. Mai 1861, 24 Vict. cap. 11, an act to afford facilities for the better ascertainment of the law of foreign countries when pleaded in Courts within Her Majesty's dominions.

Nach einer Mittheilung vom 30. Juni 1883 ist England zwar geneigt, den Vorschlag im Prinzipe anzunehmen; jedoch besteht wenig Hoffnung, daß auf diesem Wege nützliche Ergebnisse zu erzielen seien, weil die Schwierigkeiten zu groß seien. Es wird empfohlen, lieber dem dänischen Vorschlage zu folgen. Dann heißt es weiter:

Danach würden die Mächte einzuladen sein, zunächst eine gewisse Anzahl von Regeln zur Lösung bestimmter Fragen des internationalen Privatrechtes zu prüfen und sich darüber zu verständigen. Wird ein Einverständniß erzielt, so können diese Regeln Gegenstand eines internationalen Vertrages werden, jedoch für England unter Vorbehalt der gesetzgeberischen Sanktion. Als die praktisch von größter Erheblichkeit anzusehenden Gegenstände sind zu bezeichnen diejenigen, welche betreffen die Ehe, die Scheidung, die ausländischen Urtheile u. s. w. Wenn die italienische Regierung geneigt ist, über diese und andere Gegenstände Vorschläge zur Prüfung seitens der verschiedenen Mächte zu machen, so wird die Regierung denselben die größte Aufmerksamkeit zuwenden und Alles thun, was sie vermag, um das Ziel zu erreichen.

Nach dem Berichte des Gesandten sind zuvor die Aeußerungen der bedeutendsten Rechtsgelehrten, so von Phillimore, Travers Twiß und Count Cairns eingeholt werden.

II. Rußland hat nach der Mittheilung vom 27. Oktober 1881 wohlwollende Beurtheilung zugesagt. Der Bericht hebt hervor, daß Rußland keine genügenden Vorschriften für das internationale Privatrecht habe. Es wird dabei angeführt, daß für das Civilrecht im eigentlichen Rußland der Svod zakonov gelte, dessen Buch 10 das Civilrecht enthalte, daß in Polen noch der französische Code civil mit geringen Aenderungen gelte, daß in den Ostseeprovinzen ein allgemeines Privatrecht und einige Partikularrechte, welche unter sich verschieden, zum Theil auch nach der Person der Betroffenen verschieden (Standesrechte), aber kodifizirt seien, gelten, daß das in Finnland geltende Recht die schwedische Gesetzgebung zur Grundlage habe, daß in den Gouvernements Tschernigof und Pultava für die transkaukasischen Länder und in Bessarabien für die Nomadenvölker mehr oder weniger kodifizirte Gewohnheitsrechte erhalten seien.

Dennoch sei die Lage der Ausländer in Rußland nicht als nach den Provinzen verschieden anzusehen. Nach Artikel 63 des Buches I des Svod, welcher immerhin als allgemeines Reichsgesetz gelte, sei ein in der dort vorgeschriebenen Form veröffentlichtes Gesetz verbindlich für Ausländer wie für Inländer. In gewissen Fällen trete jedoch das russische Gesetz gegenüber den Vorschriften des Personalstatutes als maßgebend ein. So sei eine in Frankreich eingegangene Civilehe eines Franzosen in Rußland giltig und wirksam, obwohl für Russen das Gesetz nur die nach Maßgabe der religiösen Vorschriften geschlossene Ehe anerkenne. Soweit der Svod gelte, sei also für den Ausländer in Ansehung des Personalstatutes das Nationalitätsgesetz vorzugsweise giltig; im Uebrigen unterstehe der Ausländer den russischen Gesetzen.

Derselbe Grundsatz gelte in Polen auf Grund des französischen Code civil.

In den Ostseeprovinzen überwiege bisher der Grundsatz der
Territorialität. Dort seien den allgemeinen und lokalen Gesetzen
sowohl die Inländer dieser Provinzen als auch die übrigen Russen
sowie die Ausländer unterworfen, insbesondere auch die in der
Provinz selbst belegenen Immobilien; diesem persönlichen Rechte
unterliege auch der Eigenthümer der Immobilien. Der Richter
wende demgemäß das eigene Gesetz auch auf Ausländer an, wenn
letztere auf Grund ihres Wohnsitzes oder ihrer Stellung (stato)
seiner Jurisdiktion unterworfen seien. Handele es sich dagegen
in dem Rechtsstreite um Personen, welche ihren Wohnsitz außerhalb des Jurisdiktionsbezirkes haben, sei es in einem anderen
Theile von Rußland sei es im Auslande, so habe der Richter
das eigene Recht dieser Personen oder dieser Immobilien in Betracht zu ziehen.

In Finnland sei die Gesetzgebung weniger bestimmt. Die
allgemein dort angewendeten Grundsätze ließen sich dahin zu-
sammenfassen: Die persönliche Geschäftsfähigkeit der Ausländer,
insbesondere von dem Gesichtspunkte der Volljährigkeit oder Min-
derjährigkeit und der Giltigkeit der Ehe, bestimme sich nach den
Gesetzen des Ursprungslandes; soweit es sich um Realstatuten,
Gesetze der öffentlichen Ordnung oder um Verträge handele, ent-
scheide das finnländische Gesetz. In Ansehung der Erbfolge sei
noch vor Kurzem etwas von dem Abschoßrechte hervorgetreten.

Für Ausländer seien hiernach Verträge, welche für das ganze
russische Reich verbindlich seien, bringend zu wünschen. Für die
Russen selbst seien zum Theil besondere Verordnungen betreffend die
Beziehungen von einer Provinz zur anderen ergangen. So regele
eine Verordnung vom 6. November 1843 das Erbfolgerecht zwischen
Finnland und dem übrigen Rußland. Es werde unterschieden,
ob die Person definitiv in einer der dem Svod nicht unterwor-
fenen Provinzen sich niedergelassen habe oder nicht, um zu bestimmen, ob das Recht des Svod oder das der Provinz anzuwenden sei. Besondere Vorschriften seien hauptsächlich für Polen
und Finnland gegeben.

Verschiedenheiten jeder Art seien bis jetzt auch in anderen
Punkten der Gesetzgebung vorhanden. Z. B. gehöre noch nach

einigen alten Gesetzen im Falle des Schiffbruches die Hälfte
aller aufgefischten Sachen stets dem Eigenthümer (Finder). Der
slavische Grundsatz des Kollektiveigenthums der Mitglieder einer
Familie oder der Familien derselben Gemeinde habe noch seinen
Reflex im Nationalrechte.

Was insbesondere die in Rußland lebenden Italiener angehe,
so stehe die Sache zur Zeit wie folgt: Der Erwerb der Eigenschaft als russischer Unterthan sei im ganzen Reiche durch das
Gesetz vom 10. Februar 1864 geregelt. Da die russischen Unterthanen keine politischen Wahlrechte haben, so bestehe nur eine
Art der Naturalisation. Diese werde vom Ministerium des In-
nern gewährt auf Grund der erforderlichen Urkunden, welche
darthun, daß die im Gesetze erforderten Voraussetzungen vorhanden sind. Auch die Nationalität der Kinder von Ausländern,
welchen die russische Naturalisation bewilligt ist, sei im Artikel 6
des bezeichneten Gesetzes bestimmt. — Ueber die Erbfolge seitens
der Italiener in Rußland und umgekehrt bestimme ein zwischen
beiden Ländern geschlossener Vertrag von 1875. Hauptgrundsatz
sei, daß die beweglichen Sachen sequuntur personam, unbewegliche Sachen der lex rei sitae unterstehen. Dieser Vertrag sei
für das ganze Reich, ohne Rücksicht auf die Lokalrechte, ver-
pflichtend. — In Ansehung der Ehen sei der allgemeine Grundsatz anerkannt, daß die Ehefrau das Bürgerrecht des Ehemannes
erwerbe, das eigene verliere. Die russische Unterthanin, welche
einen Ausländer heirathe, werde als Ausländerin angesehen;
werde sie Wittwe, so sei sie befugt, die Eigenschaft als Russin
wiederzuerwerben. Gewisse Zweifel und Ausnahmen seien weder
durch das Gesetz noch durch die Rechtswissenschaft genügend
aufgeklärt; z. B. ob eine Ehe in Rußland Anerkennung finde,
wenn ein Russe zum Katholizismus übertrete und damit ein
strafbares Delikt begehe und dann eine nach dem am Orte der
Eheschließung geltenden Rechte giltige Ehe mit einer katholischen
Ausländerin eingehe. Es werde wohl in einem solchen Falle
nöthig sein, die Entscheidung des Souveräns anzurufen, damit
die Kinder als legitim und erbfolgeberechtigt angesehen würden.
Auch dann könnten sich erhebliche Zweifel über die Geltung der

Ehe erheben, wenn ein Ausländer, welcher sich zur sogenannten orthodoxen Religion bekenne, eine protestantische Russin in Rußland heirathe, sei es selbst in Rußland vor dem eigenen Konsul, ohne die eigene Kirche anzugehen. Troß des Grundsatzes locus regit actum werde nach der allgemeinen Ueberzeugung eine Ehe nicht als giltig angesehen, welche ein orthodoxer Russe im Auslande in einem Lande, in welchem die Civilehe bestehe, nur in Civilform eingehe. Ebenso sei die Frage von der Vormundschaft troß der seitens der Gesandtschaft aufgewendeten Bemühungen nicht in allen Theilen mit Sicherheit entschieden. Die Unsicherheit auf diesem Gebiete sei noch wesentlich erhöht durch die Verschiedenheit der Rechtsstellung und der Gebräuche in den verschiedenen Provinzen und die Bewilligung von Befugnissen an ausländische Konsuln, eine Bewilligung, welche mehr noch auf Gewohnheit und Nothwendigkeit als auf Gesetz oder Vertrag beruhe.

In Ansehung der Verträge gelte im Allgemeinen der Grundsaß: locus regit actum.

III. Für Belgien hat sich der Minister Frère-Orban nach der Mittheilung vom 17. Dezember 1881 dahin geäußert:

In Ansehung des Civilrechtes ist die belgische Regierung geneigt, wie die bestehenden Gesetze beweisen, einen Unterschied zwischen Belgiern und Ausländern nicht zu machen; bei der bevorstehenden Revision des Civilgesetzbuches werden in Ansehung dieses Gegenstandes die am weitesten reichenden und die liberalsten Grundsätze ohne Rücksicht auf Reziprozität angenommen werden.

So wurde in Ansehung der Erbfolge die Bedingung der Reziprozität unterdrückt. In Ansehung des status der Personen befolgt das belgische Gesetz die Regel des statutum personale; in Ansehung der von Ausländern besessenen beweglichen Sachen wird der Grundsaß befolgt: locus regit actum.

Die Regierung ist geneigt und entschieden, bei der Revision des Gesetzbuches in Ansehung der Ausländer die diesen günstigsten Grundsätze, welche die Rechtsphilosophie empfiehlt, anzunehmen.

Alles dies geschieht durch das allgemeine Landesgesetz, ohne Reziprozität zu fordern. Hiernach erhebt sich die Frage, ob Belgien
noch einen Vertrag schließen könnte, welcher den Fremden eine
größere Gewähr zu bieten vermöchte, als ihnen schon das geltende Recht beziehungsweise die in Vorbereitung befindlichen
Entwürfe zu Theil werden lassen.

IV. Nach einer Mittheilung vom 19. Dezember 1882
würde Frankreich eine Ausdehnung der Vorschläge wünschen
auf folgende Fragen: Rechtsstellung der Handelsgesellschaften
eines Landes in einem anderen Lande, Vollstreckung der Urtheile,
Uebertragung (transmission) der gerichtlichen Akte und Gewährung der Rechtshilfe (commissions rogatoires) sowie Anerkennung der Civilstandesakte. Im Uebrigen werden präzise Vorschläge gewärtigt.

V. Nach einer Mittheilung vom 1. März 1883 wird
seitens der Niederlande die Bereitwilligkeit erklärt, sich an
Verhandlungen zu betheiligen. Zugleich wird hervorgehoben:
Getrennte Verträge zwischen zwei Mächten würden nicht oppor-
tun sein; der angestrebte Zweck könne nur erreicht werden, wenn
ein allgemeines oder doch wenigstens ein möglichst weit reichendes
Uebereinkommen erzielt werde. Diese Ansicht gründe sich auf
Nachstehendes: Die Vorschriften des positiven Rechtes, welche
in der Hauptsache die Unterlage für ein internationales Privatrecht bilden, sind nothwendig begrenzt auf das Gebiet des
Landes, für welches sie Gesetzeskraft haben, und können in keiner
Weise ausländische gesetzgeberische Faktoren binden. Daraus
folgt, daß dieselbe juristische Thatsache je nach der Nationalität
des Richters, welcher sich über den Konflikt auszusprechen hat,
bald der einen, bald der anderen Gesetzgebung unterstehen kann.
Das einzige Mittel, eine so anomale Lage zu beseitigen, ist dies,
daß die verschiedenen Länder sich über die Grundsätze verständigen, nach welchen Konflikte gelöst werden sollen, indem sie
dabei, wie selbstverständlich erscheint, die absolute Unabhängigkeit
einer jeden nationalen Gesetzgebung respektiren. Verträge zwischen
nur zwei einzelnen Staaten würden nichts nützen, wohl aber
die Aussicht auf eine allgemeine Vereinbarung gefährden. Der-

jenige Staat, welcher sich durch einen solchen Vertrag gebunden
hat, diesen oder jenen Grundsatz des internationalen Privatrechtes anzunehmen, würde, selbst wenn er mit anderen Staaten
sich verständigte, außer Stande sein, den durch zweiseitigen
Vertrag geheiligten Grundsatz einseitig zu modifiziren oder auf-
zugeben.

Vorstehende Erwägungen treffen vor allem zu in Ansehung
der Annahme gemeinsamer Grundsätze betreffend die Zuständigkeit
ratione personae et territorii als Grundlage der internationalen Vollstreckung von Urtheilen. Ueberall besteht Einverständniß,
daß eine unerläßliche Voraussetzung dafür, um ein von einem
ausländischen Gerichte erlassenes Urtheil als vollstreckbar anzuerkennen, darin besteht, daß das Urtheil erlassen ist von
einem Richter, welcher nach dem Gesetze des Landes, in welchem
die Vollstreckung verlangt wird, für zuständig erachtet wird.
Das gleichzeitige Nebeneinanderbestehen verschiedener Systeme für
die Zuständigkeit des Gerichtes in demselben Lande muß zu ernsten
Inkonvenienzen führen, welchen vorzubeugen ist, nicht durch die
Bindung zweier einzelner Staaten, sondern nur durch ein allgemeines Uebereinkommen zwischen einer möglichst großen Zahl
von Staaten.

Die Regierung ist daher gern bereit, für ein solches internationales Abkommen mitzuwirken, wenn folgende Punkte geregelt werden sollen: a) die allgemeinen Grundsätze, nach welchen
Konflikte zwischen Gesetzgebungen in Ansehung des Privatrechtes
gelöst werden sollen, welche für die Niederlande geregelt sind
in den Art. 6, 7, 9, 10 des Gesetzes, betreffend die allgemeinen
Vorschriften für die Gesetzgebung im Königreich [2]), für Italien

---

2) Dieselben lauten:

Art. 6. Die Gesetze, betreffend die Rechte, den Status
und die Geschäftsfähigkeit von Personen, gelten für Niederländer, auch wenn dieselben im Auslande sich aufhalten.

Art. 7. Immobilien unterliegen dem Gesetze des Landes
oder des Ortes, wo sie sich befinden.

Art. 9. Soweit nicht das Gesetz ein Anderes bestimmt,

in den Art. 6 bis 10 der Vorschriften über die Bekanntmachung
der Gesetze im Allgemeinen; b) die richterliche Zuständigkeit
ratione personae et territorii; c) die Vollstreckung ausländischer Urtheile, die gegenseitige Rechtshülfe (commissions rogatoires), das Armenrecht (bénéfice du pro Deo) und andere
Prozedurvorschriften, welche sich leicht regeln lassen, sobald die
obligatorische Kraft ausländischer Urtheile durch ein gemeinsames
Abkommen festgestellt ist.

VI. Die Mittheilung betreffend U r u g u a y vom 28. April
1883 enthält Folgendes:

Die Aufgabe umfaßt eine Mehrzahl von Fragen, deren
Beantwortung mehr oder weniger tiefgreifende Aenderungen in
der Gesetzgebung zur Folge haben müßte und wegen des engen
Zusammenhanges zwischen den Grundsätzen des internationalen
Privatrechtes mit denen des Rechtes im Allgemeinen auch das
letztere vielfach ändern müßte. Jeder dieser Punkte verdient
daher eine lange und sorgfältige Prüfung. Dennoch würden
die großen Wohlthaten eines solchen Fortschrittes es rechtfertigen,
soweit möglich, diese Schwierigkeiten zu überwinden.

Andererseits ist in unserem Lande die Rechtslage der Aus=
länder, ohne auf Reziprozität zu rechnen, eine so günstige wie
in den zivilisirtesten Staaten. Unsere Gesetze unterscheiden gar
nicht zwischen Ausländern und Inländern. Unsere Civilgesetz-
gebung, eine Nachbildung der in der Welt am meisten vor-
geschrittenen, gewährt beiden gleiche Rechte und legt ihnen gleiche
Verbindlichkeiten auf; sie hält gleichen Schritt mit der Straf-
gesetzgebung. Einige der Grundsätze, welche von den Lehrern
des internationalen Privatrechtes gebilligt sind, haben auch bei
uns Billigung gefunden. Wenn also auf diesem Gebiete etwas
geschehen soll, wird man sich demjenigen anschließen müssen,

gilt das Civilrecht des Königreiches sowohl für Ausländer als
auch für Niederländer.

Art. 10. Die Form aller Akte wird beurtheilt nach den
Gesetzen des Landes oder Ortes, wo die Akte errichtet sind.

was unser Staat uneigennützig beobachtet hat und auch ferner beobachten wird.

VII. Die Mittheilung betreffend Argentinien vom 19. Dezember 1883 enthält die Annahme des Vorschlages mit dem Zusatze:

Da unsere Gesetzgebung gegen den Ausländer sehr liberal ist, so können keine oder nur sehr geringe Befreiungen zu Gunsten desselben bestimmt werden, welche nicht schon früher zugestanden wären; der Staat kann nicht zu Zugeständnissen veranlaßt werden, welche nicht bereits gemacht wären; die Regierung würde sich aber beglückwünschen, wenn die argentinischen Bürger im Auslande eine gleich liberale Behandlung fänden wie die Ausländer in Argentinien.

VIII. Die schwedische Regierung hat nach der Mittheilung vom 8. März 1884 sich der Auffassung der dänischen Regierung angeschlossen, hält aber nicht dafür, daß Sonderverträge zwischen zwei Mächten, insbesondere zwischen Ländern, welche so wenig Berührung mit einander haben wie die Vereinigten Königreiche und Italien, wirksam werden können, um das internationale Privatrecht zu einem einheitlichen zu gestalten.

IX. Der im Eingange, S. 403, erwähnte Vorschlag der Mailänder Konferenz der Gesellschaft für Reform und Kodifikation des Völkerrechtes gibt als Grundlagen an:

1. Das Urtheil muß von einem zuständigen Richter erlassen sein.

   Gemeinsame Kompetenzvorschriften werden in dem Vertrage gegeben, welcher das internationale Uebereinkommen über die Vollstreckung ausländischer Urtheile in Civil- und Handelssachen enthält.

2. Die Parteien müssen gehörig geladen sein.

3. Handelt es sich um ein Urtheil gegen einen Nichterschienenen, so muß die Partei, gegen welche es erlassen ist, von dem Rechtsstreite Kenntniß und die Möglichkeit sich zu vertheidigen gehabt haben.

4. Das Urtheil darf nichts enthalten, was der Moral, der
Ordnung oder dem öffentlichen Rechte des Staates, in
welchem es vollstreckt werden soll, widerspricht.

5. Das Urtheil muß in dem Lande, in welchem es erlassen ist, vollstreckbar sein.

6. Der um die Vollstreckung ersuchte Richter hat nicht die
Grundlagen des Streites zu prüfen, sondern nur zu
prüfen, ob die vorerwähnten gesetzlichen Voraussetzungen
vorliegen.

7. Ein diesen Voraussetzungen entsprechendes ausländisches
Urtheil soll die gleichen Wirkungen haben wie ein im
Inlande erlassenes sowohl in Ansehung der erbetenen
Zwangsvollstreckung als um die rechtskräftig entschiedene
Sache zur Geltung zu bringen.

8. Die Formen und Mittel der Zwangsvollstreckung bestimmen sich nach dem Gesetze des Landes, in welchem
die Vollstreckung beantragt wird.

Für diejenigen Staaten, welche dem Uebereinkommen
nicht beitreten, drückt die Konferenz den Wunsch aus,
die Anwendung dieser Grundlage möge thatsächlich im
Wege der Gleichmäßigkeit in ihren betreffenden Gesetzgebungen erfolgen.

In Bezug auf diesen Vorschlag äußert sich der attorney
general für die Vereinigten Staaten von Nordamerika,
Brewster, unter dem 12. Dezember 1884 dahin:

Die drei ersten Vorschläge beziehen sich allein auf die Zuständigkeit oder Jurisdiktion ausländischer Gerichte. Ich sehe
nicht, daß die Annahme derselben von unserer Seite eine wesent-
liche Aenderung bewirken oder irgendwie unsere auf die Vollstreckbarkeit ausländischer Urtheile sich beziehende Gesetzgebung
verbessern würde.

Nach der amerikanischen Rechtswissenschaft wird das Urtheil
eines ausländischen Gerichtes, welches Jurisdiktion über die Parteien und über den Gegenstand des Rechtsstreites hat, sofern nicht
irgend etwas Betrügerisches dabei hervortritt, von den Gerichten

unseres Landes anerkannt als geeignet, eine Obligation zu be-
gründen, in Folge welcher eine Klage angestellt werden kann;
alsdann wird eine Klage angestellt, um die so begründete Obligation vollstreckbar zu machen, das Urtheil wird als schlüssiger
Grund (conchiudente circa al merito) angesehen. Unter den
verschiedenen Staaten der Union wird derselbe Grundsatz angewendet in Ansehung der von den Gerichten anderer Staaten
erlassenen Urtheile, so daß diese Urtheile keine bevorzugte oder
andere Stellung einnehmen als die ausländischer Gerichte. Der
in Kraft stehende soeben bezeichnete Grundsatz in Bezug auf die
Urtheile der Staaten wie des Auslandes ist so liberal als es das
Interesse der Gerechtigkeit zuläßt.

In einem solchen Prozesse kann der Beklagte gegen das
ausländische Urtheil geltend machen, daß das ausländische Gericht keine Jurisdiktion in Ansehung des Streitgegenstandes hatte
oder daß er zu seiner Vertheidigung nicht geladen ist oder daß
er keine Gelegenheit hatte, sich zu vertheidigen. Das sind That-
sachen, welche die Frage der Zuständigkeit oder der Jurisdiktion
des ausländischen Gerichtes angehen; werden solche festgestellt,
so wird der Kläger abgewiesen. Das Ergebniß unter der Herrschaft der drei ersten Vorschläge würde das gleiche sein.

Der vierte Vorschlag drückt nur dasjenige aus, was mittelbar in unseren Gesetzen als nothwendige Voraussetzung für eine
Klage auf Grund eines ausländischen Urtheiles bestimmt ist.
Einer solchen Klage steht die Thatsache entgegen, daß das
Urtheil erlangt ist durch betrügerisches Verhalten einer Partei,
welche dasselbe vollstreckbar machen will; überdies wird sich nie-
mals ein Gericht dazu verstehen, ein Urtheil für vollstreckbar zu
erklären, welches der Moral oder dem öffentlichen Rechte des
Staates widerspricht.

Der fünfte Vorschlag erklärt das fremde Urtheil dem In-
halte nach für vollstreckbar, wenn die Voraussetzungen der voran-
gehenden Vorschläge erfüllt sind; die in dieser Hinsicht in Kraft
stehende amerikanische Doktrin habe ich bereits dargelegt.

Die übrigen Vorschläge beziehen sich auf die Art der Vollstreckung und auf die Wirkungen des ausländischen Urtheiles.

Nach unseren Gesetzen besteht die Art, wie ein ausländisches Urtheil vollstreckt wird (und dasselbe Verfahren besteht unter den verschiedenen Staaten der Union in Ansehung der Urtheile der anderen Staaten), in der Anstellung eines Prozesses; das in einem so angestellten Prozesse erlangte Urtheil hat dieselben Wirkungen wie andere inländische Urtheile und wird auf dieselbe Weise vollstreckt.

Das ausländische Urtheil hat an sich nur die Wirkung, daß es eine Obligation begründet, auf Grund deren eine Klage angestellt werden kann oder daß es eine exceptio rei judicatae begründet, welche der Beklagte zur Geltung bringen kann.

Ich sehe hiernach nicht, daß die Annahme der Vorschläge unsere Gesetze über die Wirkungen und die Vollstreckung ausländischer Urtheile in irgend welcher Weise modifiziren würde.

VIII.

Die Versicherungsaktie nach dem Aktiengesetz von 1884.

Gutachten

des

Herrn Justizraths Makower in Berlin [1]).

———

Die p. p. Rückversicherungs-Gesellschaft hat an mich die Frage gerichtet:

> ob sie berechtigt ist, Aktien auszugeben, obschon nur 25 Prozent baar eingezahlt und die übrigen 75 Prozent durch Solawechsel gedeckt sind.

Ich glaube diese Frage bejahen zu müssen.

Es liegt derselben stillschweigend die Annahme zu Grunde, daß irgendwo eine gesetzliche Bestimmung vorhanden ist, welche die Ausgabe von Aktien vor Bezahlung von 100 Prozent verbietet. Eine solche noch jetzt geltende Bestimmung ist mir jedoch nicht bekannt.

Der Art. 215 c des Gesetzes vom 18. Juli 1884 sagt im Absatz 3:

———

[1]) Dieses Gutachten ist erstattet, ehe die Abhandlung des Herrn Justizraths Pemsel in München in Bd. XXXVI S. 40 dieser Zeitschrift erschien, und wird wegen der abweichenden Ansicht des Gutachters mitgetheilt.